AF343586

LA MONONGAHÉLA

COLLECTION CANADIENNE

SÉRIE 522

(Nᵒ 522-01)

8º Y².
38390

PROPRIÉTE DES ÉDITEURS

*Droits de reproduction, de traduction et d'adaptation
réservés pour tous pays.*

« C'était du temps, mesdames, qu'il y avait des fées ». (P. 41.)

LA

MONONGAHÉLA

PAR

EDMOND ROUSSEAU

*Dessins de André F*OURNIER

TOURS	MONTRÉAL
MAISON ALFRED MAME	GRANGER FRÈRES LIMITÉE
& FILS	54, Ouest, rue Notre-Dame

A L'HONORABLE CHS. A. ERN. GAGNON

SECRÉTAIRE PROVINCIAL

C'est à l'ami des lettres canadiennes, au protecteur constant et éclairé de la jeunesse qui travaille, que cet humble ouvrage est respectueusement dédié.

Edm. ROUSSEAU

Mai 1890, à Château-Richer.

AU LECTEUR

L'encouragement du public me force à donner suite à une idée dont j'ai fait part au lecteur dans la préface d'un ouvrage publié en 1888[1]. Je ne pourrais que me répéter en présentant à mes patrons ce nouveau-né. Je leur fais grâce de cette longue et ennuyeuse tirade « dont les meilleures ne valent rien », disait un auteur célèbre, et je me contente de déclarer ici que le but que je poursuis dans les pages qui vont suivre est toujours le même : vulgariser, populariser l'Histoire du Canada et la présenter sous la forme la plus agréable possible.

Si le lecteur me rend le témoignage que je n'ai pas failli à la tâche, il aura mis le comble à tous mes vœux.

Edm. Rousseau.

Château-Richer, mai 1890.

---

[1] *Les Exploits d'Iberville.*

LA
MONONGAHÉLA

I

UN JOUR DE DEUIL

L'angélus du soir venait de sonner à la cathédrale de la bonne ville de Québec; un beau soleil de mai réjouissait la nature; aucun nuage ne souillait le ciel étincelant. Une brise légère rafraîchissait l'air et caressait mollement les arbres séculaires qui entouraient alors la petite église des Récollets.

Cependant, à peine les derniers appels à la prière du soir s'étaient-ils répercutés dans le lointain, que la cloche se mit à tinter de nouveau. De sa voix grêle, elle semblait jeter aux échos des alentours un suprême sanglot.

Par les rues circulaient les citadins endimanchés, marchant d'un pas tranquille et recueilli, dans lequel on ne reconnaissait plus les vives allures de l'activité ordinaire, tandis que les rares boutiquiers de l'époque se précipitaient sur le pas de leur porte pour voir défiler la foule.

A quel spectacle couraient donc ces dignes habitants d'une ville encore à son berceau? Quelle catastrophe les arrachait ainsi à leurs occupations? Quelle perte pouvait donc, comme un voile de deuil, répandre sur toute la ville ce souffle de tristesse?

Jean-Marie Mercier, taillandier, devisant sur sa porte avec Mathurine Dumas, la mercière du coin, va nous l'apprendre.

« L'enterrement du saint se fait-il pour sûr demain, ma commère? disait Jean-Marie.

— Pour sûr et certain, mon compère, répliquait Mathurine, que même le bedeau de la cathédrale, qui est venu ce tantôt chercher ma dernière aune de crêpe, m'a dit que la procession se mettrait en marche juste à 7 heures demain matin.

— Est-ce vrai que le corps va être porté dans les quatre églises de la Haute-Ville?

— Qui a pu vous dire cette nouvelle, voisin? Serait-il possible que le bedeau m'aurait caché cet important détail? reprit Mathurine, vexée à la pensée seule que son voisin pouvait être mieux informé.

— Comment! vous ignorez? Mais vous n'étiez donc pas hier soir à la récitation de l'office des morts à l'église des Récollets, quand le supérieur a donné la marche des funérailles et a fait son beau discours sur la mort de Mgr de Laval, que tout le monde pleurait?

— Hélas! il m'a été impossible de quitter mon comptoir un seul instant, même que j'ai dû me lever à 3 heures ce matin pour pouvoir aller vénérer la dépouille du saint évêque.

— J'ai été plus heureux, mère Dumas, fit Anselme Ribault, tonnelier, qui rejoignait le groupe en ce moment; j'ai eu le bonheur de passer la nuit de garde auprès du saint, et toute la journée j'ai pris part à l'ornementation de la cathédrale. De sorte que je connais tout le programme de la cérémonie.

— Est-ce bien vrai qu'il y aura procession dans toutes les églises?

— Rien de plus vrai, c'est moi qui vous le dis, reprit Anselme Ribault en se rengorgeant, puisque je l'ai entendu de mes deux oreilles, mais entendu, là répéter par M. le grand vicaire Glandelet à M. de La Colombière. C'est parce que les communautés religieuses ont témoigné le désir de voir les restes mortels du vénérable évêque qu'il en a été décidé ainsi. »

Laissons Jean-Marie Mercier et la mercière Dumas à leur curiosité, et remplissons une lacune que nous avons dû laisser dans un ouvrage précédent[1].

Le nom de Mgr de Laval est trop intimement lié à l'histoire du pays pour qu'une courte esquisse de sa vie et de ses œuvres ne trouve pas sa place ici.

Sans doute il n'est pas un habitant du Canada qui n'ait appris à vénérer le nom du premier et saint évêque de la Nouvelle-France. Mais combien parmi la masse du peuple, — nous n'écrivons que pour ceux-là, — qui savent les nombreux titres de ce prélat à notre gratitude? Certes, s'il en existe, le nombre en est certainement bien petit.

Eh bien! donc, au risque même de tomber dans le hors-d'œuvre, nous allons consacrer quelques pages au récit de ses travaux, de ses vertus, ne regrettant qu'une seule chose, que l'espace et nos humbles capacités nous laissent bien au-dessous de la tâche.

L'illustre et pieux prélat, l'intrépide FRANÇOIS-XAVIER DE LAVAL-MONTMORENCY, naquit à Laval, ville du Maine, dans le diocèse de Chartres en France, le 30 avril 1623.

---

[1] *Les Exploits d'Iberville.*

Son père, Hugues de Laval, sieur de Montigny, le plaça, jeune encore, au collège des Jésuites, à la Flèche, où il fit un brillant cours d'études.

A peine eut-il atteint l'âge de huit ans, que le jeune François reçut la tonsure, et deux ans plus tard son oncle, l'évêque d'Évreux, le faisait chanoine honoraire de sa cathédrale.

Quelques années après, la mort de ses deux frères aînés le força de quitter l'habit ecclésiastique pour se consacrer au soin de ses parents et à l'administration de leur fortune, malgré sa grande répugnance à rentrer dans le monde. Aussi se débarrassa-t-il bientôt de ces devoirs temporels pour s'incorporer de nouveau dans la milice du sanctuaire.

A dix-huit ans, il se rendit à Paris pour faire son cours de théologie, qu'il continua sans interruption jusqu'à son ordination, qui eut lieu vers 1646. Un an auparavant, il avait été nommé archidiacre d'Évreux, charge qu'il remit cinq ans plus tard en faveur de son pieux précepteur, Henri-Marie Boudon, écrivain distingué, auteur de plusieurs ouvrages ascétiques.

C'est vers cette époque que M. de Laval, plus connu alors sous le nom d'abbé de Montigny, renonça, non seulement à tous les biens dont il avait hérité de ses frères, mais même à son propre patrimoine.

Il se retira ensuite auprès de M. de Bernières de Louvigny, trésorier de France pour la généralité de Caen, qui habitait son *ermitage* où se réunissait l'élite des jeunes gens distingués par leur piété et leurs bonnes mœurs.

Pendant son séjour chez M. de Bernières, qui dura quatre années, l'abbé de Montigny se lia avec M. de Mésy, qu'il fit préposer plus tard au gouvernement de la colonie. Le gouverneur répondit à ces bons procédés par la plus noire ingratitude et suscita à Mgr de Laval, dans la suite, les plus grands chagrins au sujet de la traite de l'eau-de-vie avec les sauvages. Pour se venger de cette guerre intestine de la part du premier magistrat de la Nouvelle-France, tout le temps qu'elle dura, l'évêque faisait célébrer chaque jour une messe pour obtenir du ciel la conversion de celui qui l'injuriait. Disons de suite qu'il eut la consolation de le voir mourir dans les sentiments du plus vif repentir. Sur sa demande expresse, M. de Mésy fut enterré sans éclat, sans pompe funèbre, dans le cimetière des pauvres de la ville.

C'est aussi pendant son séjour à Caen que l'abbé de Montigny donna les premières preuves des hautes destinées où l'appelaient ses éminentes qualités, en gagnant un procès considérable en faveur d'une communauté d'Hospitalières. Il déploya en cette circonstance un fond de connaissances, une richesse de savoir et une familiarité avec la jurisprudence qui surprit tous ceux qui avaient cru le connaître jusque-là, mais n'avaient pas même soupçonné la vaste étendue de son érudition.

L'accroissement toujours plus rapide des missions du Canada nécessitait la présence d'un évêque. Les pieux fondateurs de ces missions lointaines, et notamment le vénérable Olier, chargèrent Mgr Gaufre de l'exécution du projet. Celui-ci remit ses pouvoirs à l'évêque de Grasse, Mgr Godeau, qui en conféra avec les évêques de France alors assemblés à Paris.

Deux évêques furent députés auprès d'Anne d'Autriche, alors régente du royaume, pour obtenir son consentement. La reine déclara qu'elle avait déjà reçu des propositions des Révérends Pères Jésuites, qui lui avaient désigné l'abbé de Montigny « comme le seul homme capable de former des missionnaires en Canada, de réformer les abus et les désordres qui pourraient s'être introduits dans ces missions lointaines, de faire fructifier les principes qui y avaient été semés et de soutenir en toute occasion les droits de la morale et de la religion attaqués de temps à autre par les colons de mœurs et de principes trop libres pour l'exemple des indigènes ».

L'abbé de Montigny s'alarma des difficultés de la tâche que l'on songeait à lui confier. Il supplia qu'on le laissât partir pour la Nouvelle-France seulement en qualité de simple missionnaire. Mais la divine Providence en avait décidé autrement et, en 1657, le pape Alexandre VII fit expédier les bulles de M. l'abbé de Montigny, le nommant évêque de Pétrée en Arabie, *in partibus infidelium*, et vicaire apostolique en la Nouvelle-France.

La pauvreté du nouveau titulaire était telle, que ses amis durent se cotiser volontairement pour lui composer un revenu de *mille francs* « pour satisfaire à ses besoins en deçà des mers ».

Ce fut l'année suivante, le 8 décembre 1658, jour de l'Immaculée Conception, que l'évêque de Pétrée reçut le caractère épiscopal des mains du nonce papal, assisté des évêques de Rodez et de Toul, dans l'église de Saint-Germain-des-Prés, à Paris.

Nous passerons sous silence les épreuves de Mgr de Laval avant son départ de France, — de la part de ceux qui lui contestèrent sa juridiction, — et nous le suivrons dans la Nouvelle-France, où il arriva le 16 juin 1659.

On ne l'attendait pas sitôt, ce qui explique pourquoi on ne lui fit pas une réception aussi solennelle et aussi pompeuse qu'il convenait à son rang. Il fut reçu par le gouverneur, M. le marquis d'Argenson, qui le complimenta sur son heureuse arrivée dans la colonie, ainsi que sa suite composée de MM. Torcapel et Pèlerin, prêtres, et M. Henri de Bernières, neveu de l'intendant de Caen, qui n'était encore que sous-diacre.

Le nouvel évêque reçut l'hospitalité des RR. PP. Jésuites, dont la chapelle servait alors d'église paroissiale; mais l'exiguïté du logis le força bientôt de se retirer chez les dames de l'Hôtel-Dieu, puis trois mois après chez les dames Ursulines, puis enfin dans une maison de Mme de La Peltrie, qu'il occupa deux années. A cette époque, Mgr de Laval acheta une maison qui tombait en ruines, la fit réparer et y demeura jusqu'à ce qu'il eût bâti son séminaire. Cette maison était située près de l'église paroissiale et du cimetière qui l'avoisinait.

Dès qu'il fut remis des fatigues d'une orageuse traversée, Mgr de Laval étudia les affaires locales et chercha à se procurer les renseignements possibles sur les hommes et les choses de la colonie. Puis le printemps suivant, il entreprit de visiter par lui-même son vaste diocèse. S'imagine-t-on aujourd'hui les fatigues, les privations de toutes sortes d'une visite pastorale à cette époque, qui commença au Saguenay pour se terminer au lac des Deux-Montagnes? Mais aucune considération ne put l'arrêter; il voulait tout voir par lui-même, tout rétablir, tout activer.

Mgr de Laval consacra ensuite une grande partie de son énergie à réprimer le honteux trafic de l'eau-de-vie parmi les sauvages. Que de troubles, que d'avanies lui furent suscités à cause des sages mesures qu'il adopta, mesures qui devaient pourtant produire un résultat si moral et empêcher tant de malheurs parmi le peuple! Et cela de la part même de ceux qui auraient dû l'aider de leur influence et de leur position : les gouverneurs d'Avaugour et de Mésy.

Nous renvoyons ceux qui seraient tentés d'accuser le premier évêque de Québec de rigorisme outré, aux mémoires du temps. Ils y liront avec horreur la relation des mille et une scènes de lubricité, de viol, de carnage auxquelles ce trafic des liqueurs a été cause tant qu'il a été toléré parmi des nations barbares et misérables qui avaient pour ces poisons une soif inextinguible.

Cependant, Mgr de Laval fut bientôt convaincu qu'il fallait dans la colonie le siège stable et permanent d'un évêque. C'est dans ce but qu'il s'embarqua pour la France vers le milieu de l'été de 1662.

Louis XIV consentit volontiers à l'érection du diocèse et voulut que le titre en restât à l'évêque de Pétrée. L'affaire ne fut cependant définitivement réglée qu'à un second voyage de Mgr de Laval en 1672, et deux ans après, c'est-à-dire le 1er octobre 1674, le pape Clément X expédia la bulle qui érigeait Québec en évêché. Le roi se chargea des frais d'expédition, le titulaire étant trop pauvre encore pour les acquitter.

Dans ces mêmes voyages, Mgr de Laval avait fortement agité plusieurs projets importants qu'il eut la satisfaction de voir se réaliser pour le plus grand bien du pays. D'abord la nécessité urgente d'établir une cour souveraine à Québec. En avril 1663, l'édit en fut signé par le roi établissant « un conseil souverain qui se tiendra en la ville de Québec,... lequel aura pouvoir de connaître de toutes les causes civiles et criminelles pour les juger souverainement et en dernier ressort ». Puis l'autorisation de construire un séminaire épiscopal à Québec, que le roi accorda et dont les lettres patentes furent expédiées en bonne et due forme au mois d'avril 1663.

Ses affaires étant terminées avec un succès égal à son zèle, le premier titulaire au siège apostolique de Québec quitta la France le jour de la Pentecôte, 19 mai 1663, accompagné de M. de Mésy le nouveau gouverneur, qui venait remplacer le baron d'Avaugour, de M. Gaudet, nommé commissaire du roi et intendant, de MM. de Mezerets, Paulmiers et Rafeix[1]. Quelques compagnies d'hommes de troupe étaient aussi du convoi et cent nouvelles familles de colons.

Après une traversée orageuse, dans laquelle le scorbut enleva soixante personnes, ce qui lui permit d'exercer sa charité évangélique, Mgr de Laval arriva à Québec au commencement de septembre et fut reçu au son des cloches et au bruit du canon.

Il établit en arrivant une officialité, tribunal ecclésiastique où l'on jugeait les causes de ceux qui y avaient recours d'après les canons de l'Église et les règlements du diocèse, et il dirigea ensuite tous ses efforts dans le sens de l'éducation. Grâce à la vie austère qu'il menait et à la stricte économie qui présidait à l'entretien de sa maison, il se trouva en position bientôt de commencer les travaux de son séminaire. Quels sacrifices ne dut-il pas s'imposer pour construire cet édifice! Quels obstacles n'eut-il pas à vaincre! C'est ainsi qu'il fut obligé de vendre un fief qu'il possédait à l'île d'Orléans et d'employer une somme qui lui avait été donnée pour bâtir un presbytère, se chargeant à perpétuité de loger le curé au séminaire ou de lui procurer à ses frais un autre logement si les choses changeaient.

Dieu lui permit enfin de voir son œuvre couronnée de succès et l'année suivante il vint y habiter. C'était

---

[1] Ces renseignements sont empruntés aux *Notes sur la vie et les voyages de Mgr de Laval,* par l'abbé de La Tour.

alors une construction en bois enduit de crépit (*colom-
bage*) exécutée à la hâte en attendant qu'on pût construire en pierre, et qui coûta six mille livres.

Presque immédiatement après son arrivée en 1663,
l'évêque s'était occupé de restaurer l'église paroissiale
érigée en cure en 1664, et unie par le même décret au
séminaire des Missions étrangères à Paris. Cette église,
grâce à son zèle, se trouva en état d'être bénite le
deuxième dimanche de juillet 1666. La dédicace solennelle en fut faite sous le vocable de « l'Immaculée
Conception de Marie ». Elle avait été dédiée à la
sainte Vierge auparavant sous l'invocation de « Notre-
Dame de la Paix ».

Mgr de Laval éprouva une douce et sainte joie lorsqu'il eut le bonheur, le 4 mars 1671, d'ordonner le
premier enfant du sol qui se consacrait au travail de
la vigne du Seigneur, M. Charles-Amados Martin, qui
fut attaché au séminaire de Québec. La première ordination au Canada avait eu lieu le 15 août 1659 par la
promotion au sacerdoce de M. François Dalet, venu
diacre en ce pays.

Tout ceci excitait le zèle du pieux prélat, qui déplo-
rait l'absence d'une institution lui permettant de former des élèves à la théologie. Bref, en 1678, ses ressources augmentant, il tenta de mettre à exécution son
idée. Il acquit une étendue de seize arpents en superfi-
cie de terrains qui joignaient à ce que la fabrique possédait déjà. C'est l'emplacement qu'occupe actuellement
le séminaire de Québec et ses dépendances. La première pierre du nouvel édifice fut posée le 14 avril 1678.
Cinq ans plus tard, il jetait les assises du petit séminaire, « où l'on devait enseigner aux enfants des Français et des sauvages les éléments des langues française
et latine. »

Ce ne fut cependant que le 8 octobre 1688, jour de la fête de saint Denis, que les portes du nouveau collège s'ouvrirent à la jeunesse du pays. Ce jour-là Mgr de Laval eut pour la première fois la consolation de se voir entouré de soixante enfants portant le capot bleu et la ceinture verte, dont quatre sauvages qu'il fut impossible de rendre studieux et disciplinés. De guerre lasse on fut obligé de les laisser à leur vie des bois.

C'est aussi vers cette époque que l'infatigable prélat établit un second collège à Saint-Joachim, dans la côte de Beaupré, à l'endroit connu de nos jours sous le nom de *Petite Ferme.* Les enfants des paysans y apprenaient la lecture, l'écriture, on leur montrait des métiers, et si l'on découvrait en eux certaines aptitudes aux sciences, on les transférait au séminaire de Québec.

Au milieu de ces immenses travaux qui absorbaient son attention, Mgr de Laval avait été obligé de faire un nouveau voyage en France en 1674. Il y resta dix-huit mois et reçut pendant son séjour la bulle qui érigeait Québec en évêché. Cette érection ne fut confirmée par Louis XIV qu'en 1697 par lettres patentes enregistrées au Grand-Conseil.

Mgr de Laval établit le chapitre de la cathédrale de Québec le 6 novembre 1684, lequel lui suscita par la suite des difficultés assez graves.

Cependant le saint évêque, parvenu à un âge avancé, miné du reste par toutes sortes d'infirmités, pensa à se pourvoir d'un successeur. C'est dans ce but qu'il s'embarqua de nouveau pour traverser les mers. Le roi fit en vain les plus grandes instances pour l'engager à gouverner plus longtemps son diocèse; mais le trouvant inflexible dans sa résolution, par reconnaissance

pour ses services envers l'État et l'Église, il lui laissa
le choix de son successeur. Sur la recommandation du
Père Valois, Jésuite, auquel Mgr de Laval s'était adressé
pour demander conseil, ce choix tomba sur l'abbé de
Saint-Valier, alors aumônier du roi, prêtre d'un mérite
supérieur, qui s'était fait remarquer à la cour par sa
piété et sa modestie.

Le choix fut ratifié par Louis XIV, qui permit en
même temps au nouveau titulaire de visiter au préalable la colonie. C'est dans ce but que M. de Saint-
Valier arriva à Québec à la fin de juillet 1685, en compagnie de M. Denonville, onzième gouverneur de la
Nouvelle-France. En qualité de vicaire apostolique de
Québec, il y resta jusqu'au 18 novembre 1686.

A son retour en France, Mgr de Laval le décida à
recevoir la consécration épiscopale, et il se démit lui-
même de son titre le 24 janvier 1688. Au printemps
de la même année, l'évêque démissionnaire s'embarqua
à bord du *Soleil-d'Afrique*, vaisseau du roi, pour revenir au Canada, où il arriva le 3 juin, à la grande joie
de tous les habitants de la colonie, qui désespéraient de
le revoir. Il annonça l'arrivée prochaine de son successeur, engageant tous les fidèles à se montrer dociles et
respectueux à ses avis.

Mgr Jean-Baptiste Chévrières de La Croix de Saint-
Valier, qui avait été consacré au mois de janvier précédent, arriva effectivement le 1er août 1688 et prit
son logement au séminaire.

Mgr de Laval se retira également au séminaire de
Québec, auquel il fit cession de tous ses biens, et, toujours infatigable dans son zèle, il s'efforça, par son travail et ses conseils, d'aplanir les difficultés que son successeur avait à surmonter dans l'exercice de ses impor-
tantes fonctions.

Nous touchons à un des moments les plus douloureux de la vie de Mgr de Laval. Le 25 novembre 1701,
sur les 2 heures de l'après-midi, le feu prit tout à
coup au séminaire de Québec, en l'absence des prêtres
de la maison, qui étaient à leur terre de Saint-Michel
avec les élèves. Le feu dura jusqu'à la nuit et consuma
tout. On fut obligé d'y enlever l'évêque, qui fut transporté à demi vêtu chez les Jésuites.

Le pieux vieillard supporta ce malheur avec résignation et répétait chaque fois qu'on lui rappelait ce
désastre : *Sit nomen Domini benedictum !*

Mgr de Laval sollicita immédiatement des secours
en France, et le roi lui accorda quatre mille livres
pour aider à la reconstruction de son séminaire. On se
mit à l'œuvre et les travaux de la nouvelle bâtisse
furent poussés avec vigueur. Mais tant il est vrai que
Dieu réserve parfois les plus grandes afflictions à ceux
qu'il aime, aux saints sur la terre comme un encouragement, en quelque sorte, à ceux qui souffrent et qui
sont contrariés, quatre ans plus tard, en 1705, le vénérable évêque voyait de nouveau la plus grande partie
de son œuvre détruite dans une nouvelle conflagration,
causée par la négligence des menuisiers qui avaient
allumé dans leur boutique un feu qu'ils n'avaient pas
surveillé. Meubles, provisions, linges, etc., le fruit de
quatre années d'épargnes et de privations de tous
genres qu'ils s'étaient imposées, tout, tout fut perdu !

Il se retira de nouveau chez les Jésuites. Mais ce
grand serviteur de Dieu, cet athlète de toutes les
bonnes œuvres, allait bientôt recevoir la récompense de
ses travaux.

Les Anglais avaient pris, en 1705, le vaisseau du roi
la *Seine,* à bord duquel se trouvaient Mgr de Saint-
Valier, un grand nombre d'ecclésiastiques, plusieurs

riches particuliers et une cargaison estimée à plus d'un
million. Mgr de Saint-Valier avait été conduit en Angleterre, où il fut retenu prisonnier huit ans.

En l'absence de son successeur, malgré son grand
âge et ses infirmités, Mgr de Laval ne voulut pas manquer d'assister à tous les offices au chœur de la cathédrale. Le vendredi saint, ses secrétaires s'aperçurent
dès le matin qu'il était moins dispos qu'à l'ordinaire
et, vu le froid rigoureux qui se faisait sentir ce jour-là,
ils essayèrent de le retenir dans ses appartements. Ce
fut en vain. Pendant l'office, il s'affaissa tout à coup
sous son propre poids, et le médecin constata dans la
journée qu'il avait contracté une grave pleurésie.

La maladie fut longue, et le vénérable vieillard la
supporta jusqu'à la fin avec une patience et un courage
inaltérables, toujours sans aigreur, sans plaintes et
sans sortir de l'égalité naturelle de son caractère.

Enfin le 6 mai 1708, à 7 heures et quart du matin,
le grand apôtre de la Nouvelle-France, chargé d'années et de bonnes œuvres, rendait sa belle âme à
Dieu, et allait recevoir la juste récompense d'une vie
modèle, entièrement consacrée à l'édification de ses
semblables.

« Éminent par ses vertus, dit un de ses biographes [1],
aimable par ses qualités, doué d'une science et d'une
profondeur de jugement qui faisaient respecter ses déci-
sions, il fut à ses derniers instants l'objet des regrets de
tous les colons, comme il avait été toute sa vie l'objet
de leur vénération et de leur sincère estime. »

Le son des cloches annonça à toute la ville ce
lugubre événement. Tout le peuple se pressa auprès
du lit funèbre, sur lequel gisait le corps inanimé de

---

[1] *Esquisse de la vie de Mgr de Laval*, vieille brochure anonyme.

celui qui avait tant aimé son troupeau et pour le bien duquel il s'était imposé de si grands sacrifices. Chacun voulut faire toucher à son corps quelque objet de piété. Il n'est pas jusqu'aux enfants qui envahissaient la chapelle ardente en criant : « Laissez-nous voir le saint ! Laissez-nous voir le saint [1] ! »

[1] Historique.

II

LES FUNÉRAILLES

Le troisième jour après la mort de l'illustre évêque dont nous venons d'esquisser la vie et les œuvres, une foule triste et recueillie, dès l'angélus du matin, encombrait les abords de la cathédrale de Québec pour rendre un dernier hommage à ses restes mortels. De minute en minute des personnes accourues en voiture des paroisses les plus éloignées venaient grossir cette foule.

Enfin, peu après 7 heures se forma le cortège funèbre. Venait d'abord une compagnie de soldats de marine, fournie par le vaisseau du roi la *Renommée,* mouillée depuis quelques jours dans le port, sous le commandement de deux jeunes officiers, Daniel Juchereau de Saint-Denis et Nicolas Decarette, sieur de Neuville, armes renversées et tambours voilés de noir. Puis les troupes du château faisant garde d'honneur chaque côté de la précieuse dépouille que portaient six ecclésiastiques, précédée elle-même de cent quatre-vingt-dix membres du clergé; puis le gouverneur, M. le marquis de Vaudreuil, et sa suite, dans laquelle se faisait remarquer par sa forte carrure et son brillant uniforme Jean-Baptiste Le Moyne de Bienville, commandant de la *Renommée,* continuant la tradition glorieuse de son frère d'Iberville, quoiqu'il ne fût alors âgé que de vingt-huit ans[1]. Enfin le peuple, pressé en masse compacte, fermait le cortège. « Jamais, dit la chronique, Québec n'avait vu circuler dans ses murs un convoi funèbre aussi pompeux. »

Le corps de Mgr de Laval fut d'abord transporté à l'église des RR. PP. Récollets, de là à la modeste chapelle des Ursulines, ensuite à l'église des RR. PP. Jésuites, puis enfin à la chapelle des religieuses de l'Hôtel-Dieu, au son des cloches, des musiques militaires et au bruit du canon du fort tiré de cinq minutes en cinq minutes.

De l'Hôtel-Dieu, le convoi funèbre retourna à la cathédrale, où fut chanté un service solennel par M. Charles Glandelet, vicaire général et le doyen du chapitre de l'église cathédrale de Québec.

Avant l'absoute, M. Séré de La Colombière, chanoine et aussi vicaire général, prononça sur la dépouille du saint évêque un éloquent éloge funèbre qui nous a été conservé et qui est peu connu.

Au milieu du plus grand silence et des larmes de ses auditeurs, l'orateur sacré appliqua ces paroles de la Genèse à la vie, aux vertus et aux œuvres de l'illustre défunt : « Sortez de votre pays, de votre parenté et de la maison de votre père, et venez dans la terre que je vous montrerai. »

Il était tard après-midi, quand les restes mortels de Mgr de Laval furent descendus dans une fosse préparée au pied du maître-autel de sa cathédrale.

Fortement impressionnée par les paroles de M. de

[1] Jean-Baptiste Le Moyne de Bienville, né à Montréal le 23 février 1680, mort à Paris le 7 mars 1767 (sans postérité). Il est le fondateur de la Nouvelle-Orléans. — *Dict. généalogique de l'abbé Tanguay.*

La Colombière, pénétrée de la grande perte que venait
d'éprouver la colonie, la foule se retira morne et silen-
cieuse dans ses quartiers.

Tandis que M. de Vaudreuil se dirige avec les troupes
vers le château, suivi de M. de Bienville, nous accom-
pagnerons à bord de la *Renommée* les deux jeunes
marins que nous avons signalés au lecteur il y a un
instant, Daniel de Saint-Denis et Nicolas de Neuville.

Rien de plus opposé, tant sous le côté physique que
sous le rapport du caractère, que ces deux jeunes gens,
à peine sortis de l'adolescence.

Nicolas, court, mais bien pris dans sa taille, qui
n'était pas sans élégance, avait le teint brun, les cheveux d'ébène, les yeux noirs et vifs. Le front était large,
le nez droit, la bouche s'inclinait comme un arc tendu,
le menton se bombait sous la lèvre inférieure, avec la
ligne superbe des bustes romains.

Daniel était d'une taille assez élevée, élégante et
souple qui, sous une attitude d'indolence affaissée, déce-
lait le ressort et l'élasticité vigoureuse des races félines,
et qui lui donnait à un degré extrême ce qu'on appelle
l'air distingué. Ses cheveux, fins et soyeux, d'un ton
châtain veiné de teintes blondes, se faisaient rares sur
les tempes. Son front était beau, mélancolique et remar-
quablement pur. Deux rides verticales, creusées entre
les sourcils, indiquaient cependant l'effort habituel de
la pensée et la maîtrise coutumière de la volonté. La
sévérité presque alarmante de ce trait se trouvait tem-
pérée avec un grand charme par l'expression très douce,
très bienveillante et un peu triste de ses yeux, qui
étaient voilés de longs cils féminins.

Le premier ne rêvait que plaies et bosses, sus à l'ennemi, gais compagnons à l'abordage, campagnes glo-
rieuses pour goûter ensuite un repos bien gagné.

« Raille, mon ami, raille si tu veux ; mais il n'en reste pas moins vrai
que l'on va me prendre pour un homme sans foi et sans parole. »

Le second, quoique fortement attaché à la carrière qu'il avait choisie, portait ses aspirations vers des régions plus paisibles et plus douces : l'étude et les joies pures du foyer domestique entre une femme aimée et des enfants chéris.

Tous deux appartenaient à d'excellentes familles et étaient intimement liés depuis l'enfance. Aussi, lors de leur passage au séminaire de Québec, avaient-ils reçu les surnoms bien mérités à tous les titres de Castor et Pollux. Embarqués à seize ans sur le même vaisseau, au moment où nous les retrouvons dans le carré des officiers de la *Renommée,* il y a cinq ans qu'ils sont au service du roi de France.

Daniel, nonchalamment couché sur un divan, feuillette un livre ouvert sur ses genoux, tandis que Nicolas se promène avec impatience. Tout à coup celui-ci interrompt sa promenade et, s'adressant à son compagnon :

« Ainsi, la consigne est de ne pas bouger jusqu'au retour du commandant? dit-il.

— Oui, mon ami. Défense expresse de quitter le bord, répondit Daniel.

— Pas d'espoir de piquer une pointe à terre de la journée, si le commandant ne croit pas devoir...

— Pas le moindre espoir.

— Tonnerre! que va penser Irène, moi qui lui avais promis...

— Promesse indiscrète, mon ami, quand on a comme toi l'honneur de servir Sa Majesté le roi de France et de Navarre.

— Raille, mon ami, raille si tu veux; mais il n'en reste pas moins vrai que l'on va me prendre pour un homme sans foi et sans parole, un sans-cœur, un volage.

— Oh! sous ce rapport ta réputation est faite. »

Nicolas de Neuville lança un regard de travers à son ami ; mais, le voyant sérieux et impassible, il ne crut pas devoir se fâcher.

Le silence régna pendant quelques minutes entre les deux jeunes gens.

« Sais-tu si nous prendrons bientôt la mer? fit Nicolas.

— Le commandant ne m'a pas mis dans ses secrets, répliqua Daniel. M'est avis cependant que nous quitterons le port dans peu de jours. Précisément ce tantôt, quand M. de Bienville m'a donné l'ordre de rallier le vaisseau, il se rendait au fort pour en conférer avec le gouverneur. »

Nicolas de Neuville lança au plafond un soupir à faire tourner les ailes d'un moulin à vent, ce qui fit sourire son ami. Le sourire fut surpris au passage.

« Tonnerre! s'écria le jeune homme, rirais-tu de moi, par hasard? S'il en est ainsi, je t'avertis que nous allons en découdre.

— Non, mon cher Nicolas, reprit Daniel, je ne ris pas de toi, je ne ris pas même de ce grand amour que tu prétends éprouver pour Mlle de Linctôt. Mais je trouve que, pour un marin qui aime tant son métier, la perspective d'une nouvelle campagne n'a pas précisément l'air de te sourire.

— Ainsi tu ne crois pas à la sincérité de mes sentiments pour cette jeune fille ? Ainsi je suis un homme faux, je dissimule, je cherche à tromper...

— Non, mon ami, non, je te crois tout le contraire. Quand tu me déclares cette grande flamme pour Mlle de Linctôt, je te crois sincère; ce que tu me dis, tu le penses.

— Mais alors?...

— Laisse-moi te faire comprendre toute ma pensée :
ce que tu dis, tu le crois vrai.

— Eh bien! alors...

— Mais ce que tu crois vrai n'existe pas.

— Ainsi je n'aime pas Irène?

— Tu crois l'aimer, ce qui est bien différent.

— Et pourquoi ne l'aimerais-je pas?

— Oh! sans doute elle en est digne à tous égards.
Sa beauté, son esprit et ses qualités du cœur en font
une des perles de notre société canadienne. Mais un
pari, mon cher.

— Voyons le pari?

— Eh bien! cette jeune personne, l'aurais-tu remarquée autant si tu ne l'avais pas connue dans les circonstances romanesques que tu sais bien?

— Oui, mon ami.

— Circonstances qui t'ont fait grand honneur, je
l'avoue.

— Trêve, mon cher Daniel, épargne un peu mon
excessive modestie. »

Il se fit en ce moment un grand remue-ménage sur
le pont, et peu d'instants après la porte en s'ouvrant
donna passage au commandant de Bienville.

Le digne émule de son frère d'Iberville, quoique à
peine âgé de vingt-huit ans, était déjà un vieux marin
d'une énergie et d'une bravoure à toute épreuve. Ayant
parcouru la plupart des mers du globe dans ses
voyages, son intelligence s'était ornée de connaissances
variées et d'une assez grande expérience des choses
humaines. Ses talents maritimes lui avaient depuis
longtemps acquis l'estime de ses chefs. Ils aimaient à
le consulter, car ses conseils étaient ordinairement
marqués au coin d'une prudence consommée.

Arrivé depuis peu d'un voyage en France, il rappor-

tait un surcroît d'amour pour ce beau royaume que,
dans sa pensée, nul autre pays du monde n'égalait en
urbanité, en gloire, en bravoure et en générosité.

De Bienville salua en souriant les deux jeunes officiers, qui s'étaient levés à son approche, puis il passa
dans son carré pour revenir un instant après.

Il tenait à la main plusieurs papiers.

« Mes amis, dit-il aux deux jeunes gens, vous allez
prendre mon canot et vous rendre chez le gouverneur,
auquel vous remettrez ces papiers. Je vous donne la
permission d'y passer la soirée et je vous recommande
en outre de bien vous amuser, car demain nous appareillons. »

Les deux jeunes gens s'inclinèrent et prirent congé
de leur chef avec la joie et la célérité d'écoliers en
vacances.

III

UNE SOIRÉE CHEZ LE GOUVERNEUR

Daniel de Saint-Denis et Nicolas de Neuville s'arrêtèrent dans la rue de la Montagne, à l'auberge de la mère Cartahut, l'endroit habituellement fréquenté par les marins du port et les soldats de la garnison. Ils commandèrent un copieux souper, auquel Nicolas lui-même fit grand honneur, en dépit de ce dicton populaire qui veut que les amoureux n'aient jamais faim, puis ils se dirigèrent vers le château Saint-Louis peu avant 8 heures.

Il y avait brillante réunion ce soir-là dans les salons du gouverneur général de la Nouvelle-France, dont Mme de Vaudreuil faisait les honneurs avec une grâce parfaite. « Femme supérieure par les dons de l'esprit, l'homme de la famille qui soutenait son mari dans ses doutes et ses inquiétudes, » dit Ferland. C'était M. de Ramesay, gouverneur de Montréal, descendu à Québec pour obtenir l'autorisation de marcher contre les Anglais, qui s'étaient avancés jusqu'au lac Champlain ; MM. Villeblemonde de Beaujeu, le héros futur de la Monongahéla, de Rouville, de La Chassaigne, de Saint-Martin, des Jordis, de Sabrevois, de Ligneris, des Chaillons, qui repoussèrent l'année suivante l'invasion anglaise; M. d'Ailleboust de Mentch, qui valut un échec à la valeur française devant le fort Sainte-Anne, dans la baie d'Hudson, par sa folle témérité.

Il y avait là aussi un essaim de jeunes beautés, fort entourées par l'élite des jeunes galants de l'époque, parmi lesquelles se faisaient remarquer Irène de Linctôt, nièce de Mme de Vaudreuil, Blanche de Jumonville, Hélène d'Aigremont, Léonine de Beaujeu, Claire de La Motte-Cadillac, dont le père était alors au Détroit, sous la tutelle de sa grand'tante Juchereau de Saint-Denis.

Daniel de Saint-Denis et Nicolas de Neuville se firent annoncer et, après s'être acquittés de leur message auprès du gouverneur, ils vinrent présenter leurs devoirs à Mme de Vaudreuil, qui formait le centre d'un cercle où les gais propos soulevaient de frais éclats de rire parmi les jeunes beautés.

« Messieurs, dit Mme de Vaudreuil en accueillant les deux jeunes gens avec un aimable sourire, vous arrivez à propos; nous avons besoin de renforts pour tenir tête à M. de Sabrevois, qui est en train, comme à l'ordinaire, de médire de notre pauvre sexe.

— Faible secours, madame, fit Nicolas de Neuville en lançant un regard vers Irène de Linctôt.

— Figurez-vous, messieurs, reprit Mme de Vaudreuil, que M. de Sabrevois tombe cette fois-ci en pleine hérésie : il affirme, par exemple, que l'amour vrai, honnête, n'existe pas plus que la beauté, qui est une affaire de mode, d'engouement. Ainsi, pour M. de Sabrevois, les femmes déguenillées et sales de ces affreux sauvages que nous voyons tous les jours, au point de vue du beau, sont aussi remarquables que... disons Léonine de Beaujeu, qui rougit d'avance parce qu'elle a peur que je vous signale son joli visage.

— Quel blasphème! fit Nicolas.

— Madame, reprit de Sabrevois, je ne nie pas l'amour, mais seulement nous ne le comprenons pas de la même façon.

— Vous y croyez?

— Jusqu'à un certain point, oui, madame.

— Qu'est-ce donc alors que l'amour suivant vous?

— L'amour, madame?

— Oui.

— Mais c'est une vibration désordonnée de certains lobes du sinciput correspondant avec quelques lobes parallèles de l'occiput. Quant à la femme...

— Tenez, mon cher ami, reprit en souriant Mme de Vaudreuil, savez-vous la grâce que je demande au ciel en ce moment?

— Qu'est-ce donc, madame?

— Eh bien! je lui demande de me donner le courage de vous mettre à la porte.

— Merci, madame, répondit de Sabrevois avec un sérieux imperturbable au milieu des éclats de rire de toute l'assistance.

— Madame la marquise, fit tout à coup Daniel de Saint-Denis, si M. de Sabrevois abuse un peu de l'indulgence de votre hospitalité, cette indulgence doit être plus grande encore aujourd'hui, car notre ami, — du moins si j'en crois la rumeur publique, — subit en ce moment les dernières convulsions d'un vieux célibataire.

— Mille baïonnettes! que voulez-vous dire? s'écria M. de Sabrevois.

— Mais on m'assure que vous vous rangez définitivement et que vous allez épouser...

— Qui? fit Léonine de Beaujeu en avançant son museau rose.

— Une de ces beautés graisseuses et enfumées du

pays des Iroquois que notre ami prise tant, mademoiselle. »

Cette saillie fit rire tout le monde, même M. de
Sabrevois.

En attendant que le calme se rétablisse, faisons connaître ce dernier en deux mots. Il personnifie assez
bien ces jeunes gens qui, de nos jours, se donnent le
genre de poser pour le scepticisme de notre époque.

M. de Sabrevois avait alors trente-cinq ans. Il était
d'une beauté un peu dure, mais saisissante. Ses traits
réguliers, son front élevé avaient la couleur et la fer-
meté du bronze; ses yeux étaient à la fois pleins de
feu et de calme; son élocution facile, sobre, tranquille
et sarcastique, répondait bien à l'apparence distinguée,
hautaine et glaciale de sa personne.

M. de Sabrevois aimait l'étude. Le vent du doute,
les fausses doctrines du xviiie siècle que devaient per-
sonnifier les encyclopédistes, avaient alors ses précurseurs.

Orphelin, sans guide, M. de Sabrevois s'était nourri
de ces doctrines et affectait un scepticisme qu'il n'avait
peut-être pas au fond du cœur, car il était naturellement bon. Mais c'était alors le bon ton, ça commençait
à être la mode, qui devint plus tard presque générale
à la cour, de ne plus croire à rien, de rire de la vertu
et de faire l'apologie du vice.

Hélas! la mode s'est propagée et elle existe encore
de nos jours dans certains quartiers, chez certains
petits jeunes gens qui se font vicieux pour être quelque
chose, qui affectent de ne plus croire à rien pour prou-
ver leur érudition, sans s'apercevoir qu'ils donnent
une preuve de plus de leur ignorance. Mais vienne la
mort, vienne même le moindre danger, il faut voir la
terreur de ces petits maîtres. Avec quels cris de paon

ils demandent le prêtre qu'ils ont poursuivi de leurs sarcasmes, et qui vient leur apporter le pardon !

Tel était le personnage qui tenait ce soir-là le dé de la conversation dans le salon de Mme de Vaudreuil.

« Eh bien! madame, reprit de Sabrevois, vous croyez que je vais protester contre ce que vient de dire M. de Saint-Denis, que je mettrai peut-être flamberge au vent pour me venger d'une raillerie qui mériterait un coup d'épée, si elle était adressée à tout autre de ces messieurs...

— Permettez, mon ami,... interrompit Daniel.

— Laissez-moi continuer, mon cher, répliqua de Sabrevois. Je ne me marierai jamais sans doute; mais je ne suis pas contre le mariage : c'est la chasteté et la sauvegarde de l'espèce. Il préserve la virilité du corps social. Voyez les sociétés où fleurit la polygamie, elles s'étiolent dans la torpeur des harems, elles périssent par les vices des femmes, dont elles s'imprègnent sans mesure; elles sont sensuelles et féroces. Plus le mariage est respecté chez un peuple, plus ce peuple approche de l'idéal social, qui est la force dans l'ordre. Donc le mariage est bon.

— Mais pas mal, pour un impie, dit en riant Irène de Linctôt.

— Attendez, mademoiselle, reprit de Sabrevois en se tournant vers la jeune fille. Donc le mariage est bon, en soi, ai-je dit. Mais ce que je n'admets pas, c'est qu'on y mette toute ces subtilités de conventions sociales, ces questions d'amour et autres billevesées. Pour moi, toute femme vaut une autre femme, quelle que soit son origine, quelle que soit sa nationalité, tant sous le rapport physique que sous le rapport moral.

— Est-ce aussi votre avis, messieurs? fit Mme de Vaudreuil en s'adressant aux jeunes gens respectueu-

sement debout en face d'elle, tandis que les jeunes
filles étaient assises à ses pieds en demi-cercle sur des
tabourets.

— Madame, fit Nicolas de Neuville, mon camarade,
M. Daniel de Saint-Denis, a la bonne habitude de char-
mer ses loisirs par le culte des Muses. S'il consentait à
nous faire part du petit poème auquel il travaille en
ce moment, je crois que nous y trouverions la meilleure réponse à la question que vous avez bien voulu
nous faire.

— On me renvoie à vous, monsieur, fit Mme de Vaudreuil en se tournant vers le jeune homme.

— Madame la marquise, répondit Daniel assez
embarrassé de son rôle, mon ami n'a pas la moindre
coquetterie pour moi et me joue un fort vilain tour.
Il sait que mes humbles vers ne sont pas destinés à la
publicité, parce que je ne les en trouve pas dignes,
mon talent étant très borné, et d'autant moins dignes,
ajouterai-je, que j'ai eu l'audace de m'attaquer au sujet
le plus difficile à traiter : les femmes.

— Difficile à traiter, dites-vous? dit Blanche de
Jumonville. Non, monsieur, il suffit pour cela de les
aimer.

— S'il en était ainsi, mademoiselle, fit le jeune
homme en portant la main sur son cœur, je vous pré-
senterais ce soir un petit chef-d'œuvre qui me porte-
rait au temple de mémoire et qui ferait dans bien des
années l'orgueil de mes arrière-neveux.

— Cela s'appelle, monsieur? demanda Hélène d'Aigremont.

— *La Fée bleue,* mademoiselle.

— Oh! de grâce, monsieur! fit le cercle des jeunes
filles.

— Il y aurait cruauté, monsieur, à refuser ces gracieuses enfants, dit Mme de Vaudreuil. Nous vous écoutons.

— C'est que, madame, mon petit travail n'est encore qu'à l'état d'ébauche. Tout au plus pourrais-je vous en dire le sujet.

— Va pour le sujet, puisque vous ne pouvez nous donner plus. »

Daniel passa la main dans ses cheveux bouclés, se recueillit un instant.

« C'était du temps, mesdames, dit-il, qu'il y avait des fées. Un jour la Fée bleue consulta son bon petit cœur, — car c'était une bonne fée que la Fée bleue. Elle consulta donc son petit cœur, disais-je, et se demanda ce qu'elle pourrait bien faire pour ses filles, les habitantes des divers pays.

« Après avoir songé quelques instants, un sourire aimable et bon éclaira sa figure et, apercevant à ses côtés son nain amarante, elle lui ordonna de sonner du cor et de la suivre sur la terre.

« Au son éclatant de ce cor, une jeune femme de chaque nation se présenta timidement au pied du trône de la Fée bleue. Il y en eût bientôt un nombre considérable.

« Les ayant fait approcher tout près d'elle, la Fée bleue leur tint à peu près ce langage :

« — Mes chères filles, dit-elle, je vous ai rassemblées autour de moi afin de vous distribuer les trésors de mes faveurs, et je désire qu'aucune de vous n'ait à se plaindre du don que je vais lui faire. Il m'est impossible de vous donner à chacune la même chose; mais je vous le demande à vous-mêmes : une telle uniformité n'en ôterait-elle pas tout le mérite? »

« La Fée bleue n'est pas babillarde, c'est là son moindre défaut. Aussi borna-t-elle ses remarques à ces quelques paroles bien senties et elle commença de suite la distribution de ses présents.

« Elle fit d'abord avancer la jeune femme qui représentait les deux Castilles et lui donna des cheveux soyeux et noirs, et si longs, qu'elle pouvait s'en faire une mantille.

« Puis ce fut le tour de la brune Italienne, à qui furent donnés deux yeux vifs, ardents, pleins de flammes comme une éruption du Vésuve au milieu de la nuit.·

« Vint après la Turque, qui reçut des formes rondes comme la lune et douces comme le plumage de l'eider.

« Quand l'Anglaise se présenta, la Fée bleue prit dans ses doigts de rose une aurore boréale et lui teignit les joues, les lèvres et les épaules.

« La Fée bleue détacha ses propres dents, qu'elle mit dans la bouche de l'Allemande et dans sa poitrine un cœur sensible et profondément disposé à aimer.

« — Quant à toi, belle Russe, dit-elle, reçois en partage la distinction royale. »

« Puis enfin, passant aux détails, elle mit la gaieté sur les lèvres d'une Napolitaine, l'esprit dans la tête d'une Irlandaise, le bon sens dans le cœur d'une Hollandaise, et ne lui restant plus rien à donner, elle secoua son sac et se disposa à s'envoler.

« — Et moi? lui dit d'une voix navrée la Française en la retenant par les bords flottants de sa tunique.

« — Pauvre chère ange! répondit la Fée bleue, je vous avais oubliée.

« — Alors, je n'aurai donc pas ma petite part, madame?

« — Hélas! ma pauvre enfant, pourquoi aussi vous placer si près de moi? Je ne vous ai pas vue. Que puis-je faire maintenant? Voyez, le sac aux largesses est tout à fait épuisé. »

« La Française baissa la tête d'un air résigné et porta la main à ses yeux, qui se remplirent de larmes brûlantes.

« La bonne fée ne put rester insensible à ce grand chagrin d'une de ses filles. Elle réfléchit quelques instants, puis, rappelant d'un signe toutes ses charmantes obligées, elle leur tint à peu près le second petit discours suivant :

« — Mes chères filles, vous êtes bonnes, puisque vous êtes belles. J'ai besoin de votre concours pour réparer un tort très grave de ma part : dans la distribution de mes cadeaux, j'ai totalement oublié votre sœur de France. Si vous êtes reconnaissantes, vous allez chacune détacher une partie du présent que je vous ai fait et en gratifier notre Française. Votre perte sera insignifiante et vous ferez une bonne action. »

« Est-il possible de refuser à une fée, surtout quand elle s'appelle la Fée bleue ?

« Toutes ces jeunes femmes s'approchèrent tour à tour, avec la grâce des gens heureux, de la Française, et lui jetèrent en passant, l'une un peu de ses beaux cheveux noirs, l'autre un peu de rose de son teint, celle-ci quelques rayons de sa gaieté, celle-là une part de sa sensibilité. Bref, la Française, d'abord fort pauvre, fort obscure et très effacée, se trouva en un instant par ce partage beaucoup plus riche et beaucoup mieux dotée qu'aucune de ses compagnes.

« Quant à la Fée bleue, elle était déjà remontée au ciel, après avoir envoyé à ses filles un baiser de sa main rose[1].

— Bravo ! délicieux ! s'écrièrent les auditeurs en applaudissant sans réserve.

---

[1] Imité de L. Gozlan.

« — Eh bien! que dites-vous de cela, impie? fit Mme de Vaudreuil en s'adressant à M. de Sabrevois.

— Je dis... je dis, madame la marquise, que l'auteur a passé sous silence des sujets fort intéressants.

— Quels sujets?

— Mais les femmes de nos sauvages, par exemple!

— Consolez-vous, mon cher de Sabrevois, vous allez les revoir dans quelques jours, ces sauvages que vous aimez tant, » fit la voix grave d'un nouveau personnage qui entrait en ce moment dans le cercle.

C'était le gouverneur, portant à la main un large pli. Les jeunes filles se levèrent à son approche et tous les hommes s'inclinèrent avec respect.

IV

M. le marquis de Vaudreuil[1] se trouvait à la tête du gouvernement de Montréal quand mourut, le 26 mai 1703, son prédécesseur, M. de Callières. Celui-ci laissait la réputation d'un excellent général, d'un homme intègre et d'un véritable ami du pays, où il avait passé une grande partie de sa vie.

Par cette mort était dévolu au marquis de Vaudreuil le commandement général de la colonie.

« Cet officier, dit Ferland, possédait l'estime et la confiance de toute la Nouvelle-France, à laquelle il était lié par son mariage; les sauvages lui étaient attachés; il connaissait parfaitement les affaires du pays; par son expérience et son courage, il pouvait lui rendre de grands services. »

Tous les habitants le demandaient pour gouverneur. M. de Champigny, qui avait aspiré à cette charge, après la mort de M. de Frontenac, était passé en France l'automne précédent et avait été nommé intendant du Havre-de-Grâce. Ainsi M. de Vaudreuil se trouvait seul

---

[1] M. de Vaudreuil, quatorzième gouverneur français, qu'il ne faut pas confondre avec M. de Vaudreuil-Cavagnal, Canadien de naissance.

sur les rangs. Aussi le roi, qui lui avait déjà donné plusieurs marques de sa bienveillance, surtout depuis la
surprise de Valenciennes par les mousquetaires, dont
il faisait partie, accorda très volontiers son consentement, et le 1er août 1703 il était nommé « gouverneur
et lieutenant-général en Canada, Acadie, île de Terre-
Neuve et les autres pays de l'Amérique septentrionale ».

Disons en passant que ce règne, qui dura quatorze
années, fut assez heureux. C'est en effet sous l'administration de M. de Vaudreuil qu'eut lieu la destruction des établissements anglais de Deerfield et de
Haverhill, en 1704; la prise de Saint-Jean de Terre-
Neuve en 1709, que nous aurons l'avantage de rapporter plus loin en détail; la destruction de la flotte de sir
Hovenden Walker sur les rochers de l'Ile-aux-Œufs en
1711. Ajoutons le massacre de 2000 Outagamis par
les Français, près de Détroit, en 1712.

C'est aussi sous ce règne que Port-Royal (Annapolis)
fut pris par les Anglais en 1710 et que fut signée la
paix d'Utrecht en 1713, qui cédait Terre-Neuve, la baie
d'Hudson et l'Acadie à l'Angleterre.

Vers 1714, M. de Vaudreuil fit un voyage en France
sur le vaisseau du roi le *Héros*. Mme de Vaudreuil
l'avait devancé cinq années auparavant. Elle fut faite
prisonnière dans ce voyage par un vaisseau anglais,
traitée avec les plus grands égards par le capitaine et
conduite près du Havre-de-Grâce. Son mérite person-
nel et la conduite irréprochable qu'elle tint à la cour
lui gagnèrent l'estime et l'amitié de tous ceux qui la
connaissaient. « Il est glorieux pour la Nouvelle-
France, fait remarquer la mère Juchereau de Saint-
Denis, qu'une dame née à l'Acadie et nourrie en
Canada se soit fait admirer dans le centre même de la
politesse, jusqu'à être choisie pour élever des princes. »

En 1716, affecté par la mort de Louis XIV, qui l'aimait, très avancé en âge du reste, M. de Vaudreuil revint en Canada pour y mourir.

Tel est en peu de mots l'histoire du personnage qui interpellait M. de Sabrevois à la fin du chapitre précédent.

« Vous allez les revoir dans quelques jours, ces sauvages que vous aimez tant, » avait dit M. de Vaudreuil.

M. de Sabrevois releva la tête comme un coursier qui entend le clairon et, s'adressant au gouverneur :

« Avec tout le respect qui vous est dû, monseigneur, fit-il, m'est-il permis de conclure de vos paroles que vous allez nous annoncer une nouvelle expédition contre les provinces anglaises?

— Ah! ceci, mon cher de Sabrevois, est un secret d'État, répondit en souriant M. de Vaudreuil. Rassurez-vous cependant, dans un pays comme le nôtre, vous savez que les occasions d'exercer vos qualités belliqueuses ne manquent point. »

Puis se tournant vers Daniel de Saint-Denis :

« Voici la réponse au message que vous m'avez apporté, messieurs, dit-il. M. de Bienville compte-t-il mettre à la voile bientôt?

— Cette nuit même, monseigneur.

— En ce cas, messieurs, il ne me reste plus qu'à vous souhaiter bon voyage. »

Et le gouverneur, souriant aux deux jeunes gens, répondit par une inclination de tête au salut respectueux de l'entourage et se dirigea vers ses appartements particuliers.

« Heureux jeunes gens! fit M. de Sabrevois en tendant ses mains aux deux amis.

— Est-ce en France, messieurs, que vous allez? demanda Mme de Vaudreuil.

— Nous l'ignorons, madame, » répondit Daniel.

Cependant, à l'annonce de ce départ, une des jeunes filles de l'entourage avait pâli et s'était isolée dans l'embrasure d'une fenêtre masquée par une large draperie, où elle fut rejointe quelques instants après par Nicolas de Neuville. Avons-nous besoin de nommer Irène de Linctôt.

Il y avait une année que les deux jeunes gens se connaissaient et s'aimaient. Nicolas avait été assez heureux pour sauver Irène d'un danger mortel, épisode que nous allons raconter.

Toute jeune, Irène avait été confiée aux soins des dames de l'Hôpital-Général.

Grâce au bon naturel de l'enfant et à la pieuse direction des bonnes dames, quand la jeune fille vint demeurer auprès de sa tante, Mme de Vaudreuil, elle fit sensation parmi la bonne société de l'époque, non seulement par sa beauté, mais aussi par ses qualités du cœur et de l'esprit.

M. de Vaudreuil, ou plutôt sa femme, possédait au commencement du chemin qui conduit à Charlesbourg, une espèce de maison de campagne qu'habitaient un fermier et sa famille, et où les hôtes du château allaient souvent l'été pendant les grandes chaleurs.

On était aux premiers jours du mois de juillet. Une après-midi, Daniel de Saint-Denis et Nicolas de Neuville, arrivés la veille de Port-Royal, où ils s'étaient distingués en aidant M. de Subercase à repousser les trois expéditions maritimes des Anglais, fatigués de la chaleur du jour et de la poussière des rues de la ville, se dirigèrent vers la rivière Saint-Charles, qu'ils traversèrent en bac, et prirent la route de Charlesbourg.

A peine avaient-ils marché quelques instants, qu'un cri d'angoisse frappa leurs oreilles.

« Qu'est-ce? » fit Daniel en s'arrêtant.

A peine avaient-ils marché quelques instants, qu'un cri d'angoisse
frappa leurs oreilles.

4

Mais déjà son compagnon avait enjambé la clôture d'un champ voisin et prenait sa course dans la direction de la villa de M. de Vaudreuil.

D'un seul coup d'œil, Daniel jugea la gravité du spectacle qui s'offrait à ses yeux.

Irène de Linctôt, sortie du couvent au mois de juin, venait d'atteindre ses dix-huit ans. Plusieurs fois la semaine, le jeudi surtout, la jeune fille se rendait, accompagnée d'un seul domestique, d'abord à l'Hôpital-Général pour saluer ses maîtresses, auxquelles elle avait voué l'affection la plus reconnaissante, puis ensuite à la ferme, où elle passait le reste du jour à courir les champs,

> ... Les prés, les bois, les bosquets, les chemins,
> Les cheveux sur le cou, les lèvres frémissantes,
> Conduisant sur ses pas un essaim de gamins.

Les gamins, c'étaient les enfants du fermier, un petit garçon de neuf ans et une petite fille de cinq années, dont Irène était folle.

Ce jour-là, assise sur le gazon, en compagnie des petits enfants, son large chapeau de paille à ses pieds, Irène était à leur tresser des couronnes avec des marguerites des champs et des fraisiers en fleurs, quand, tout à coup, deux garçons de labour passèrent auprès d'elle à toutes jambes en criant :

« Sauvez-vous, un chien enragé ! »

La jeune fille, en se levant l'enfant dans les bras, aperçut un énorme terre-neuve, la langue pendante, l'écume à la bouche, qui se dirigeait en trottinant de son côté. Elle poussa un cri de terreur et prit sa course.

C'est ce cri que les deux jeunes gens avaient entendu.

Irène n'avait pas plus qu'un arpent à parcourir pour atteindre la ferme; mais embarrassée par le fardeau qu'elle avait dans les bras, elle n'avançait qu'avec la plus grande difficulté. Le chien allait infailliblement l'atteindre et se jeter sur elle, quand Nicolas de Neuville s'aperçut du danger et le comprit. Il prit sa course en diagonale pour voler bravement à son secours.

Tout en précipitant sa marche, le jeune homme s'empara d'une pioche qu'il trouva dans un sillon, et au moment où la bête enragée prenait son dernier élan, il lui assénait sur la nuque un coup de son arme improvisée qui l'abattit.

Nicolas y allait de si grand cœur que, la pioche s'échappant de ses mains, dans son élan il trébucha et vint se frapper la tête sur une borne du chemin. Quand Daniel, qui s'était précipité à la rescousse de son ami, arriva sur les lieux, Nicolas reposait insensible à côté de sa victime et le sang s'échappait d'une entaille qu'il s'était faite dans sa chute au-dessus du front.

Une fois le danger passé, les garçons de la ferme s'empressèrent d'accourir, et tandis que les uns, de crainte qu'il ne fût pas mort, dardaient le cadavre du chien de coups de fourches, les autres, sur l'ordre d'Irène, transportaient Nicolas de Neuville dans une des salles de la ferme.

La blessure n'était pas grave heureusement, et le jeune homme reprit ses sens à la première sensation d'un linge glacé que lui appliqua celle même qu'il venait de sauver d'un danger si imminent, de sorte que ce fut le frais visage de la jeune fille qui frappa ses regards en ouvrant les yeux.

Il murmura quelques paroles inintelligibles, qu'Irène comprit ou devina peut-être, car elle rougit, et il ferma les yeux.

« Monsieur, dit la jeune fille en s'adressant à Daniel, votre ami est trop mal pour le transporter à la ville ; nous avons heureusement plusieurs chambres libres à la ferme, où il trouvera tous les soins possibles en attendant le chirurgien que je vais envoyer chercher.

— C'est inutile, mademoiselle, répondit Nicolas, qui était parvenu à se lever avec effort, dans quelques instants il n'y paraîtra plus. »

Cependant, comme pour démentir ses paroles, le jeune homme chancela sur ses jambes et allait tomber si Daniel ne l'eût soutenu.

« Vous voyez bien, monsieur, que vous comptez trop sur vos forces, reprit Irène. Acceptez donc notre hospitalité, ce qui me permettra de vous faire exprimer toute ma reconnaissance par ma tante, Mme de Vaudreuil, à qui cette maison appartient. »

Au nom de Mme de Vaudreuil, les deux jeunes gens s'inclinèrent.

« Peut-être agirais-tu sagement en acceptant la gracieuse invitation de mademoiselle, fit Daniel ; réellement tu me parais un peu faible pour gagner la ville à pied.

— De grâce, monsieur ! reprit Irène.

— Non, mademoiselle, merci de tout mon cœur, répliqua le blessé ; il peut survenir un peu de fièvre qui me retienne au lit quelques jours, et je serais une cause d'embarras pour ces braves gens. Je préfère me rendre à la ville et de là à bord de notre vaisseau. Seulement serait-il possible de se procurer une voiture dans les environs ?

— Je *n'avons* que le vieux berlingot, mam'zelle, fit Pierre Gagnon, le fermier, qui entrait en ce moment.

— Eh bien ! mon brave, va pour le berlingot, dit Nicolas, si toutefois vous voulez bien prendre la peine de nous conduire à la Basse-Ville ?

— Comment! mais tout ce qui appartient ici à Pierre Gagnon, même sa personne naturelle, tout est à votre disposition. Ne venez-vous pas de sauver la vie à notre demoiselle et à notre enfant?

— Pas d'exagération, mon brave, et attelez le plus vite possible, vous me ferez plaisir.

— Dans dix minutes, m'sieu, tout sera paré.

— Je regrette, monsieur, de vous faire conduire dans cette vilaine voiture, reprit Irène en s'adressant à Nicolas. Il n'est que 2 heures de relevée; ma tante, qui sera probablement ici vers 5 heures, vous aurait sans doute donné une place dans son carrosse si vous aviez voulu l'attendre.

— Merci encore une fois, mademoiselle; la voiture de votre fermier est tout ce qu'il me faut. »

Celui-ci entra le fouet à la main.

« Quand vous voudrez, messieurs, dit-il.

— Messieurs, dit la jeune fille en rougissant, ce que je vais faire n'est peut-être pas de la dernière convenance; mais je sais que ma tante sera tantôt très navrée quand elle apprendra le danger auquel j'ai été exposée et que je ne pourrai lui dire le nom de mon sauveur. »

Les deux jeunes gens s'inclinèrent et Daniel, prenant la parole :

« Mademoiselle, répondit-il, mon ami se nomme Nicolas de Carette de Neuville, moi je m'appelle Daniel de Saint-Denis, et tous deux nous sommes enseignes à bord du vaisseau la *Renommée*, que commande M. de Bienville.

— V'là des noms dont on saura se souvenir, » fit Pierre Gagnon en manière d'aparté.

Un instant après, les deux jeunes gens s'éloignaient au petit trot de *Lourdaud*, le favori des chevaux de Pierre Gagnon.

La jeune fille suivit du regard la voiture jusqu'à ce qu'elle disparut au tournant de la route, puis elle s'assit, rêveuse, sur un banc rustique dans une contre-allée du jardin.

Irène de Linctôt n'était point belle, à proprement parler, à peine jolie même, mais elle était charmante. Elle était un peu frêle, délicate, avec des cheveux d'un blond cendré, et deux yeux d'un bleu mélangé de gris dont les cils pâles étaient presque invisibles. Ses traits, un peu enfantins, semblaient finement pétris par une main d'artiste trop minutieuse.

Ce qui la rendait remarquable cependant et la plaçait au rang des femmes qu'on cite, c'était la grâce dont elle était imprégnée des pieds à la tête, et surtout son art exquis de se bien mettre. En effet, quand elle était habillée, coiffée, chiffonnée de ses propres mains avec une harmonie parfaite, en la voyant, le soir, par exemple, dans sa toilette, il était impossible de ne pas s'imaginer qu'elle venait d'éclore dans quelque jardin de fée, au clair de lune, ce qui faisait dire à M. de Sabrevois : « Mlle de Linctôt, ce n'est pas une femme, c'est une incantation du suave, une fleur... Son mari ne devra pas la toucher de peur qu'elle ne s'effeuille, il faudra qu'il la respire. »

Irène, née en Acadie, n'avait connu ni son père ni sa mère, qui étaient morts à peine à sa sortie du berceau. Elle n'avait que deux frères, — Linctôt aîné et Linctôt cadet, — tous deux alors à l'armée et qui se distinguèrent plus tard à la bataille de la Monongahéla.

Fille de la propre sœur de Mme de Vaudreuil, elle avait été accueillie par celle-ci comme son enfant et faisait par la gaieté et la bonté de son caractère la joie des hôtes du château Saint-Louis.

Quand Mme de Vaudreuil arriva à la ferme, vers

5 heures, la jeune fille s'empressa de lui raconter son aventure et la bravoure de Nicolas de Neuville. Elle le fit même en termes si chaleureux, que son éloquence attira un sourire sur les lèvres de sa tante, sourire qui la fit rougir.

Cependant un tel service ne pouvait laisser indifférents M. et Mme de Vaudreuil. Aussi, dès le lendemain firent-ils prendre des nouvelles du blessé, qui était tout à fait sur pied, et quelques jours après, Daniel et Nicolas recevaient une invitation à dîner du château.

Ces visites se renouvelèrent jusqu'au départ du vaisseau sur lequel servaient les deux jeunes gens. Nicolas de Neuville ressentit bientôt un sentiment assez vif pour la pupille du gouverneur, sentiment partagé du reste. Mais ce fut un amour tout platonique. Nicolas, malgré la légèreté naturelle de son caractère, comprit cependant les difficultés de sa position. S'il se doutait un peu des sentiments d'Irène à son égard, il ne lui fit pas voir et ne lui dit pas les siens.

Quel avenir pouvait-il lui offrir d'ailleurs? Il est vrai qu'une campagne glorieuse, — et l'on sait qu'elles ne manquaient pas à cette époque, — pouvait bien changer la face des choses; mais jusque-là, il se serait fait un crime de tenter auprès du gouverneur une démarche qui pouvait tout compromettre.

V

UNE PROMESSE

Étant donné le caractère de Nicolas de Neuville, cette réserve dans l'aveu de ses sentiments était de sa part une action héroïque. Avoir la quasi certitude d'être aimé, ressentir pour une créature du bon Dieu un amour pur, saint, profond, et ne pas le lui dire! Repousser en soi le trop-plein d'un cœur qui ne cherche qu'à se livrer! Certes, répétons-le, il y avait là de l'héroïsme.

Mais disons-le aussi : le courage du jeune homme était à bout, et s'il tenait tant à ne pas manquer ce soir-là la réception du gouverneur, comme nous l'avons vu au commencement de ces lignes, c'est que, à la veille d'une campagne qui serait peut-être pour lui la dernière, il avait pris la ferme résolution de ne pas partir sans avoir déclaré sa flamme à la jeune fille et sans emporter ses serments.

A l'annonce du départ de la *Renommée,* la nièce du gouverneur s'était retirée du cercle de ses compagnes, et quand Nicolas la rejoignit, quelques instants après, il la trouva dans l'embrasure d'une fenêtre, effeuillant, inquiète et rêveuse, les fleurs de son bouquet.

La jeune fille rougit à son approche. Nicolas ne se sentait pas moins ému ni moins timide et troublé.

« Élevée comme vous l'avez été, au milieu des merveilles de la nature, par des femmes de Dieu, dit-il d'une voix tendre, vous devez aimer beaucoup ces fleurs qui s'effeuillent sous vos doigts?

— Oh! beaucoup. Et vous, monsieur, ne les aimez-vous pas?

— Je les aime, répondit Nicolas, lorsqu'elles me rappellent un souvenir qui est lui-même le plus suave des parfums de l'âme.

— Moi, je ne les ai jamais aimées que pour elles seules, reprit la jeune fille en tressaillant.

— Mais vous comprenez cependant, mademoiselle, tout ce qu'une fleur reçue d'une main amie peut dire de doux et de charmant, lorsque l'absence éloigne ceux qui se sont aimés.

— Vous avez donc reçu de ces fleurs? fit la jeune fille le cœur serré, la poitrine prête à éclater en sanglots.

— Je possède celles que j'ai cueillies sur la tombe de ma mère bien-aimée. »

La jeune fille respira, et d'une voix rassérénée, mais encore pleine de tristesse :

« Hélas! dit-elle, je n'ai jamais connu ni mon père ni ma mère!

— Pardon, mademoiselle, si je viens de vous rappeler involontairement un cruel souvenir.

— Oh! je donnerais ma vie pour embrasser ma mère.

— Votre tante vous aime beaucoup.

— Oh! ma tante est parfaite pour moi; mais ce ne sont pas les baisers d'une mère. »

Le silence régna pendant quelques minutes entre les deux jeunes gens.

« Est-ce bien certain, comme vient de l'annoncer votre ami, que vous partez cette nuit même? reprit Irène.

— Oui, nous appareillons tout probablement cette nuit.

— Et vous reviendrez bientôt?

— S'il plaît à Dieu. La campagne s'ouvre sous de sombres couleurs, et dans notre carrière, à cette époque surtout, nous avons toujours devant nous dix chances contre une de succomber.

— Oh! monsieur, vous êtes cruel pour moi. Si vous n'alliez pas revenir, j'en... »

Irène s'arrêta troublée, baissa les yeux et rougit d'avoir inconsciemment laissé deviner son secret.

« Oh! de grâce, mademoiselle, reprit le jeune homme, achevez, rendez-moi le plus heureux des hommes.

— Pardonnez à une pauvre fille qui ne sait plus ce qu'elle dit.

— Mademoiselle, fit Nicolas en prenant un ton grave, voulez-vous me permettre de vous dire ce que je me proposais de ne vous faire connaître qu'avec l'assentiment de votre tuteur? Un départ imprévu m'empêche de tenter cette démarche auprès de M. de Vaudreuil; mais je ne veux pas partir sans emporter au fond de mon cœur une conviction qui, si elle m'est favorable, me donnera un surcroît de courage pour combattre les ennemis de mon roi, ou une indifférence stoïque pour la mort des braves, si je suis condamné.

— Que voulez-vous dire, monsieur? fit Irène en levant les yeux sur le jeune homme.

— Il y a de cela une année, mademoiselle, reprit Nicolas, j'étais un enfant, insouciant, toujours heureux pourvu qu'il y eût quelque combat à l'horizon, envisageant l'avenir avec indifférence sans m'occuper du lendemain. Un jour je vous vis...

— Oh! ce jour où vous m'avez sauvé la vie, je ne l'oublierai jamais!

— Eh bien! de ce jour date la vie pour moi. Jusquelà j'avais mené une espèce d'existence végétative, sans souci, comme je vous le disais tout à l'heure; de ce jour, je compris qu'il existait des jouissances qui m'étaient inconnues; mais depuis ce jour aussi je sais qu'il est des souffrances que j'ignorais; j'appris que le doute et l'incertitude ne sont pas les moindres plaies du cœur. Or, mademoiselle, ce doute et cette incertitude, je veux les éclaircir.

— Monsieur!

— Mademoiselle, si vous permettiez au plus humble de vos admirateurs d'oser prétendre à votre main, je vous jurerais de consacrer ma vie à votre bonheur et à votre protection. »

La jeune fille ne répondit pas et resta confuse, les yeux rivés sur la fleur qu'elle tenait à la main.

« Dois-je interpréter votre silence comme un refus? reprit le jeune homme d'une voix tremblante.

— Ce n'est pas à moi qu'il faut demander ma main, répondit Irène d'une voix douce comme un zéphir du printemps, c'est à M. de Vaudreuil et à ma bonne tante, auxquels je dois tout ce que je suis.

— Je le sais, mademoiselle, mais je ne peux pas tenter cette démarche avant mon retour. Cependant il me serait bien consolant d'emporter l'espoir que vous ne me repousserez pas, si votre protecteur veut bien m'agréer, et que d'ici-là vous me garderez votre foi. Dites, le voulez-vous? »

Irène était une enfant douce, pure, sage et franche. Elle était fortement éprise de Nicolas de Neuville et elle le savait digne de l'offrande d'un cœur vierge comme le sien. S'il n'allait pas revenir? Le sort de la guerre est si cruel. Et s'il succombait pendant la campagne, ne se reprocherait-elle pas comme un crime de lui avoir refusé un aveu qui serait une consolation à l'heure suprême de la mort?

En un instant, toutes ces pensées traversèrent son

esprit. C'est donc sans timidité et sans fausse pudeur qu'elle leva son clair regard sur le jeune homme et qu'elle lui tendit sa main fine et soyeuse, en disant :

« Monsieur de Neuville, moi aussi je vous aime et je serais heureuse de vous consacrer ma vie. »

Le jeune homme, les larmes aux yeux, cueillant une belle fleur qui pendait sur un myosotis à la hauteur de sa main sur la fenêtre, la lui présenta.

« Alors acceptez, lui dit-il en souriant à travers ses larmes, cette humble fleur que je vous offre comme le gage de ma fidélité.

— Je l'accepte, » répondit la jeune fille rougissante.

Et cueillant à son tour dans le bouquet qu'elle tenait à la main une belle fleur rouge, emblême de l'ardeur de son âme, elle la lui donna en disant :

« Placez-la près de celles que vous avez cueillies sur la tombe de votre mère. Ne pensez jamais à l'une sans penser à l'autre. »

Puis s'enfuyant comme une colombe effarouchée, elle revint s'asseoir aux pieds de sa tante.

Daniel de Saint-Denis cherchait précisément son ami pour prendre congé de Mme de Vaudreuil.

La charmante femme aimait beaucoup les deux jeunes gens, dont elle avait su apprécier la riche nature.

« Revenez-nous bien vite, messieurs, dit-elle.

— Si Dieu le permet, madame, répondit Daniel.

— En attendant, messieurs, reprit Mme de Vaudreuil, toutes ces belles filles prieront pour vous. »

Nicolas tourna son regard vers Irène, qui porta la fleur bleue à ses lèvres, et les deux officiers, ayant salué avec grâce, sortirent du salon.

Dans la nuit la *Renommée* mettait à la voile, et, poussée par un bon vent de l'ouest, deux semaines après elle abordait à Port-Royal, dans l'Acadie.

VI

La Nouvelle-France était toujours en guerre avec
son incommode voisine la Nouvelle-Angleterre; mais
les établissements français de l'Acadie étant plus à
proximité des Anglais, ce sont ces parages qui avaient
essuyé les assauts les plus fréquents. En 1704 les Anglais avaient attaqué Beaubassin. Pour venger cette
incursion, Hertel de Rouville détruisit les établissements de *Deerfield* et de *Haverhill*. C'est dans cette
même année que Mgr de Saint-Valier fut pris sur le
vaisseau du roi la *Seine* et amené captif en Angleterre,
où il fut retenu pendant huit années.

L'année suivante, un habile navigateur, nommé La
Grange [1], qui avait fait la campagne de la baie d'Hudson sous d'Iberville, s'ennuyant du repos où il était
réduit, proposa au gouverneur et à l'intendant de fréter
deux barques pour une expédition contre un port de
Terre-Neuve. Il voulait ainsi venger l'injure faite au
nom français par un forban anglais qui avait attaqué
des navires pêcheurs à Percé, brûlé le village et l'église
de cet endroit. Il engagea une centaine de jeunes Canadiens, obtint une lettre de marque et se dirigea sur

---

[1] Ferland, *Cours d'Histoire du Canada*.

Bonavista, où étaient arrivés quelques navires de guerre anglais qu'il se proposait de surprendre.

Pour n'être point découvert, rendu à douze lieues de ce poste, il laissa ses navires et continua sa route sur deux charrois. Entrant de nuit dans le port, il aborde une frégate de vingt-quatre canons, chargée de morues, s'en empare, brûle deux flûtes de deux à trois cents tonneaux, coule à fond une autre petite frégate et se retire avec ses prises et un grand nombre de prisonniers.

Dans le fort Bonavista étaient cantonnés six cents Anglais qui, le lendemain matin, se préparèrent à faire face à l'ennemi. Il était trop tard : La Grange et ses braves avaient déjà pris la route de Québec, où ils arrivèrent sans encombre quelques jours après.

M. de Brouillan, gouverneur de l'Acadie, mourut dans le même hiver et fut remplacé par M. de Subercase, qui, lui aussi, voulut venger sur les Anglais de Terre-Neuve le mal que ceux de la Nouvelle-Angleterre faisaient aux Acadiens. Son projet était de chasser l'ennemi de Terre-Neuve et de couronner ainsi l'entreprise dans laquelle d'Iberville et Bonaventure avaient en partie réussi peu d'années auparavant[1].

La cour approuva le projet, et M. de L'Épinay reçut l'ordre de prendre des Canadiens à Québec et de les transporter à Plaisance sur le *Wesp,* vaisseau du roi. M. de Beaucourt, commandant de ce petit corps, se joignit à M. de Subercase, qui partit le 15 janvier 1705, à la tête de quatre cent cinquante hommes, la crème des braves, accoutumés à toutes les misères, ne craignant, comme les fils de Brennus, qu'une seule chose,

---

[1] L'auteur a raconté cette campagne dans un ouvrage précédent, *Les Exploits d'Iberville.*

après Dieu, « que le ciel, brisant ses pôles, s'écroulât
sur leur front. »

Chaque homme portait ses armes, ses couvertures et
des provisions pour vingt jours.

Avant d'arriver à bon port, ils eurent à traverser à
gué quatre rivières couvertes de glaces flottantes. Une
neige abondante arrêta même le parti deux jours.
Enfin, le 26 janvier, il arriva à Rebou, au milieu des
habitations anglaises. L'apparition de ce détachement,
composé d'hommes tous vêtus à la sauvage, inspira
une telle frayeur, que personne ne songea à se défendre.

Après un repos de deux jours, au milieu de l'abon-
dance qu'ils trouvèrent en cet endroit, ils se portèrent
sur le Petit-Havre, dont ils s'emparèrent facilement.

Comme ils étaient dans le voisinage de Saint-Jean,
M. de Subercase voulut essayer de prendre le grand
fort qui défendait la ville. Les ennemis s'étaient préparés à les recevoir chaudement. Les canons de la place
firent un feu si vif, que les assaillants, — qui n'avaient
que leurs fusils et de la poudre mouillée, — furent
obligés de renoncer à l'attaquer, après avoir perdu
quinze hommes, tués ou blessés.

Ils quittèrent les environs de Saint-Jean le 5 mars et
continuèrent de suivre la côte jusqu'au Forillon, dont
ils s'emparèrent. M. de Subercase s'arrêta en cet endroit
avec une partie de ses soldats. Les Canadiens, sous le
commandement de M. de Montigny, et les sauvages, sous
celui de Nescambiouit, fameux chef abénaquis, furent
chargés de continuer la campagne contre Bonavista et
Carbonière. Ils brûlèrent toutes les habitations de la
côte et firent un nombre considérable de prisonniers.
Montigny et Nescambiouit se distinguèrent dans cette
campagne, qui causa beaucoup de tort au commerce
anglais sans apporter de grands profits aux Français.

Le même jour, la plus grande partie de la flotte alla mouiller
hors du bassin.

Cependant, pour répondre aux nombreuses plaintes des colons anglais ainsi harcelés, les autorités de la Nouvelle-Angleterre se décidèrent à faire des efforts pour chasser les Français de l'Acadie.

Les préparatifs se firent avec la plus grande diligence et dans un secret absolu au mois de mai 1707. Deux régiments s'embarquèrent à Nantasket sur vingt-trois vaisseaux de transport pourvus de baleinières de débarquement. Ils étaient convoyés par le *Deptfort*, vaisseau de la marine royale, et par le brigantin de la province.

Le 15 juin, les vingt-cinq navires parurent à l'entrée du bassin de Port-Royal. Le lendemain, la flotte débarqua deux mille hommes, à la grande surprise de M. de Subercase, qui n'attendait pas pareille visite. Il se prépara cependant à la défense. Tandis qu'on fermait les brèches du fort, qui étaient malheureusement nombreuses, il appelait les habitants des environs au secours de la garnison.

Dans la nuit du 10 au 11, les Anglais, qui avaient réussi à s'approcher du fort après plusieurs escarmouches, ouvrirent la tranchée. Quatre cents Anglais s'avancèrent pour enlever les bestiaux; mais le baron de Saint-Castin, à la tête de ses sauvages et de quelques habitants, les chargea si vigoureusement, qu'il les repoussa en désordre dans leur camp.

Pendant la nuit du 16, les Anglais, croyant les brèches plus considérables qu'elles n'étaient en réalité et s'imaginant du reste que la garnison était disposée à se révolter, comme le leur avaient fait croire quelques déserteurs, tentèrent d'escalader les remparts. Mais on les reçut si chaudement, qu'ils durent abandonner leur projet et se retirer promptement.

La bonne contenance de M. de Subercase leur en imposa. Ils s'imaginèrent qu'une si grande assurance

cachait un piège, et que les Français avaient creusé
une mine à laquelle le feu serait mis aussitôt qu'ils
monteraient à l'escalade. N'osant plus s'approcher de
la place, ils rentrèrent dans leur premier camp, et le
17 s'embarquèrent dès que la marée le leur permit.
Plus de quatre-vingts des leurs avaient été tués dans
les différents combats.

Au reste, Port-Royal dut surtout sa délivrance aux
soixante Canadiens qui y étaient arrivés quelques
heures seulement avant la flotte anglaise. Car les habitants du lieu, sans secours de la France depuis trois ans,
n'étaient guère disposés à se battre contre leurs voisins
de la Nouvelle-Angleterre, avec qui plusieurs d'entre
eux entretenaient des relations d'affaires très actives.

Les Anglais avaient brûlé toutes les habitations et
enlevé les bestiaux, dont une partie fut reprise cependant, de sorte que les pauvres Acadiens de Port-Royal
se trouvèrent réduits à une misère profonde, sans pouvoir espérer des secours de la mère patrie.

Disons aussi que les dissensions parmi les chefs de
la flotte anglaise avaient puissamment contribué au
mauvais succès de l'expédition contre Port-Royal.

Arrivé à Casco-bay, March, qui commandait la flotte
anglaise, apprit qu'à Boston l'on avait déjà commencé
par de grandes réjouissances à célébrer la prise de
Port-Royal. Il s'empressa d'écrire au gouverneur Dudley qu'il ne partirait pas de ce poste avant d'en avoir
reçu l'ordre; qu'il n'était pas responsable du mauvais
succès de son expédition et que, si celle-ci était man-
quée, c'était grâce aux principaux officiers qui avaient
soulevé contre lui les soldats et les avaient ensuite
appuyés dans leur mutinerie.

Le peuple de Boston, qui l'avait condamné sans
l'entendre, était fort soulevé contre ce chef et lui aurait

fait un mauvais parti s'il s'était présenté en ce moment. Dudley lui répondit d'attendre ses ordres. Il assembla la législature et dit aux députés qu'il fallait s'emparer de l'Acadie, si l'on voulait effacer l'affront que venait d'essuyer la Nouvelle-Angleterre, s'offrant de se mettre lui-même à la tête de l'expédition.

Son offre ne fut pas acceptée cependant, mais l'assemblée décida qu'il suffisait de renforcer la flotte de trois gros navires et de six cents hommes. Elle confirma March dans son commandement, déclara qu'il s'était pleinement justifié et l'investit par avance du gouvernement de l'Acadie.

On va voir qu'en ce temps-là, comme aujourd'hui, il est pour le moins imprudent de vendre la peau de l'ours avant de l'avoir tué.

Le 20 août, la flotte anglaise parut de nouveau à l'entrée du bassin de Port-Royal, au milieu duquel elle mouilla dans l'après-midi. La garnison du fort avait été renforcée de l'équipage d'une frégate royale, commandée par M. de Bonaventure.

M. de Subercase rassembla tous les habitants, dont plusieurs étaient établis à sept lieues du fort. La lenteur de l'ennemi donna le temps à tous de répondre à l'appel du gouverneur. Ce ne fut en effet que le lendemain que les Anglais commencèrent le débarquement de leurs troupes.

L'avant-garde d'un détachement de sept cents hommes, qui s'avançait vers le fort à travers le bois, fut surprise et massacrée au milieu d'une embuscade. Le détachement n'osa s'aventurer plus loin et retourna au camp.

Après plusieurs opérations d'embarquement et de débarquement, qui témoignaient de leurs divisions et de leurs inquiétudes, les Anglais furent contraints de se rembarquer avec précipitation, poursuivis par un détachement que commandait un habitant du nom de Geranger. Le même jour, la plus grande partie de la flotte alla mouiller hors du bassin. Elle se réunit en dehors le 1er septembre et fit voile pour Boston sans avoir osé attaquer le corps de la place [1].

Tel fut le résultat de cette campagne des Anglais qui devait mettre fin pour toujours au règne des Français dans l'Acadie.

C'est quelques semaines après ce brillant exploit que la *Renommée* vint mouiller dans le bassin de Port-Royal, à la grande joie de tous ses habitants. M. de Subercase n'était pas très rassuré sur le sort de la place. Quoique les Bostonnais se fussent épuisés pour la campagne qui venait d'échouer si misérablement, il n'ignorait pas qu'on ferait néanmoins une nouvelle tentative désespérée au printemps suivant, la reine d'Angleterre étant décidée à s'emparer coûte que coûte de l'Acadie.

M. de Subercase fit donc les plus grandes instances auprès de M. de Bienville pour le garder, lui et ses deux cent cinquante Canadiens; mais celui-ci refusa en alléguant des instructions contraires.

[1] Ferland.

VII

LES THÉORIES DE MAITRE BERTRAND

Il était près de 5 heures de l'après-midi. A ce moment-là, Daniel de Saint-Denis et son ami Nicolas de Neuville se promenaient silencieux sur la dunette du navire. Les rayons d'un beau soleil de septembre se jouaient dans les cordages du vaisseau pour retomber ensuite sur un groupe de matelots qui se prélassaient autour du contremaître Gaspard Bertrand[1]. Ce dernier jouissait d'un grand crédit parmi l'équipage et d'une estime bien méritée auprès de ses chefs.

Quoique ce personnage ait un rôle assez court à jouer dans cette histoire, nous nous permettrons cependant de le présenter d'une façon toute particulière.

Gaspard Bertrand était Acadien de naissance. Fils de pêcheur, et resté orphelin à l'âge de dix ans, il s'était embarqué très jeune en qualité de mousse sur un vaisseau du roi et depuis, — il comptait, au moment où nous faisons sa connaissance, une cinquantaine d'années, — Bertrand n'avait eu d'autres affections que son rude métier de marin.

---

[1] Personnage historique.

Nature inculte, ne connaissant que la mer, le vieux matelot possédait une grande bravoure et de précieuses qualités qui l'avaient conduit au poste de maître d'équipage. Fort aimé de ses camarades, il n'entendait pas badinage sur l'article de la discipline. Mais il était si gai conteur, quand le service laissait des loisirs au matelot! Sans lui, sans ces bonnes histoires qu'il inventait souvent, qui serait venu amuser les hôtes du gaillard d'avant? Il fallait voir l'empressement des matelots, des jeunes surtout, à se rendre au pied du mât d'artimon aussitôt la manœuvre terminée. Quelles oreilles attentives aussitôt que Bertrand s'installait au pied du cabestan, siège ordinaire d'où le vieux maître pérorait!

De côté toute contrainte, en avant la joie et les saillies! Tout le monde avait le droit d'interpeller l'orateur, et c'est avec la plus grande condescendance qu'il multipliait les réponses, même quand celles-ci étaient en dehors de son érudition, surtout dans ce cas-là.

Mais le porte-voix de commandement se faisait-il entendre? Adieu! les amabilités! Plus de familiarités avec les supérieurs! Il fallait filer proprement et rondement son écoute, car le vieux maître n'y entendait plus de la même oreille. Gare alors aux bourlingueurs s'ils étaient surpris en flagrant délit de flânage : un coup de pied à celui-ci, une taloche à celui-là ramenait bientôt tout le monde au poste et à la besogne.

Ce jour-là, Bertrand venait de prendre sa place habituelle au pied du cabestan, ce qui explique la raison pour laquelle le mât d'artimon était si entouré.

« C'est-y vrai, maître Bertrand, fit un jeune matelot à la figure rose, que la *Renommée* pourrait bien passer l'hiver dans ce trou aux pêcheurs de morue? »

Au lieu de répondre immédiatement à cette brusque interpellation de l'un de ses inférieurs, Bertrand jugea

« Pourquoi pas toute la flotte ? »

bon au préalable d'affermir sa dignité. Il prit dans son bonnet de laine un grand mouchoir à larges carreaux aux couleurs voyantes, l'étendit avec précaution sur le pont gratté et s'assit avec une certaine majesté railleuse sur ce modeste tapis.

Puisant alors du tabac par petites pincées dans une bourse en peau de loup-marin qui s'appelle encore *une blague* de nos jours parmi les marins, il se mit à bourrer une pipe en terre à court tuyau affreusement culottée, avec la circonspection d'un homme qui connaît le prix des choses. Après avoir mouillé son pouce avec de la salive, il le passa sur l'orifice du fourneau de manière à égaliser le précieux végétal et tira un briquet qu'il battit avec cérémonie. Lorsque enfin la pipe allumée fut bien assujettie au coin de ses lèvres, le grave Bertrand s'étendit nonchalamment de manière à s'appuyer sur le cabestan, interposant entre celui-ci et sa nuque ses deux mains jointes. Poussant alors vers le ciel d'énormes flocons de fumée :

« Pour lors, dit-il, qu'est-ce que tu me faisais l'honneur de m'objecter, Pompon-Filasse?

— Ce n'est pas moi, maître, répondit le jeune matelot rose et joufflu que Bertrand avait baptisé du nom amical de Pompon-Filasse en raison de son abondante chevelure d'un blond fade, ce sont les camarades qui disent comme ça que nous allons passer l'hiver ici. Est-ce que vous croyez ça, vous, maître?

— A cette question, répliqua Bertrand, il est possible que les savants fissent une cinquantaine de réponses. Quant à moi, Pompon, j'obtempère à n'en faire que deux : *primo*, je l'ignore; *secundo*, je ne le crois pas. »

Sur ces paroles, qui empruntaient à la bouche d'où elles étaient émanées une autorité sybilline, les mate-

lots se regardèrent furtivement, en se communiquant
l'un à l'autre leurs secrètes impressions par un hoche-
ment de tête accompagné d'une moue particulière de
la lèvre inférieure.

Décidément, le vieux maître n'était pas loquace ce
soir-là. Encouragé par les signes de ses camarades,
Pompon-Filasse se décida cependant à faire une nouvelle tentative pour rompre le silence inquiétant de
Bertrand.

« Maître, dit-il timidement.

— Qu'est-ce qu'il y a, mon garçon?

— C'est-y vrai que vous avez servi dans le temps
sur le plancher des vaches et que vous vous êtes cro-
ché avec les terriens anglais?

— Oui, mon garçon. Qu'est-ce que ça peut te
faire?

— C'est que, maître, je voudrais avoir un rensei-
gnement.

— Parle, mon garçon.

— J'ai entendu dire par les soldats de la garnison
à Québec que les terriens anglais portaient des jupons.

— Pour lors, répondit Bertrand en secouant les
cendres de sa pipe, je ne connais dans toutes les
armées du monde civilisé que les Écossais qui portent
des jupons.

— Maître, reprit Pompon-Filasse, portent-ils aussi
des coiffes?

— Des coiffes? fit Bertrand, je ne le crois pas. Tu
veux dire des turbans?

— Qu'est-ce que c'est que ça des turbans?

— Qu'est-ce que c'est que des turbans, espèce
d'ignare cabillot? J'obtempère à te le faire connaître.
Apprends donc qu'il y a des peuplades si barbares,
dans les grands pays de la mer du sud, qu'elles n'ont

ni logis ni cabanes et qu'elles sont toujours en campagne. Pour lors, les hommes portent leur ménage sur leur dos, et comme c'est incommodant, ils n'ont qu'un moyen de transporter leur lit : c'est de se l'enrouler autour de la tête.

— Les Écossais, maître, reprit Pompon avec une inquiétude marquée, sont-ils bien durs à cuire?

— Oui, moucheron. J'obtempère à croire que trois ou quatre ensemble pourraient bien lutter contre un Canadien. »

Cette déclaration parut rassurer Pompon-Filasse. Il crut cependant devoir poursuivre ses investigations sur le compte d'adversaires aussi redoutables.

« Mais on prétend, maître, dit-il, qu'au printemps il va en venir un si grand nombre pour nous attaquer de ces hommes en jupons, que le port où nous sommes ne pourra pas contenir tous les vaisseaux qui vont les amener.

— Veux-tu me faire le plaisir de me rappeler à la mémoire les nom, prénom et qualité du bijou qu'il y a là? demanda le vieux maître en indiquant de la main le pavillon blanc aux fleurs de lys que le vent agitait à l'arrière du vaisseau.

— Ça? c'est le drapeau de la France.

— Que Dieu garde! fit Bertrand en se découvrant. Or, mon garçon, comme par le temps qui court on est exposé aux plus désagréables rencontres, si jamais tu te trouvais à l'improviste en face d'une armée d'Anglais, d'Écossais ou d'autres armées quelconques, attache-moi un chiffon comme celui-ci au guidon du général ennemi, et tu le verras subitement tourner les talons avec toute son armée, ni plus ni moins qu'un chien auquel on a attaché une vieille chaudière à la queue. Voilà, mon garçon.

— Mais si nous sommes un contre vingt, nous serons toujours bien tous massacrés. Le commandant devrait demander six ou sept gros vaisseaux en France et...

— Pourquoi pas toute la flotte? interrompit le vieux maître d'une voix tonnante. Ne faudrait-il pas que le roi lui-même se mît en marche avec toutes ses troupes de France et de Navarre pour conserver la fraîcheur du teint de M. Pompon-Filasse. Le commandant, dis-tu, cabillot? Tu vas t'amuser à épiloguer sur les idées du commandant, toi, à présent? Assistes-tu à ses conseils? Connais-tu seulement la différence d'un nœud plat avec un nœud franc? J'en doute, et voici pourquoi j'en doute : c'est que tu es complètement étranger à la théorie de l'effet moral. Comprends-tu?

— Non, maître, fit Pompon tout à fait interloqué.

— Ainsi, tu ne peux pas te fourrer dans la tête qu'il y a une crânerie délicieuse et un effet moral renversant dans le simple fait d'opposer un Canadien à neuf ou dix Anglais ou Écossais en jupons?... Que nous soyons tous démâtés jusque dans la ralingue, c'est ce qui me crève l'œil comme à toi, et je m'en moque comme de cracher sur le terrain des vaches; mais l'effet moral n'en sera pas moins produit et les Écossais en jupons sauront le cas qu'on fait d'eux.

— Tout de même, maître! » voulut répliquer Pompon-Filasse; mais Bertrand ne lui donna pas le temps d'achever sa phrase.

« Quant à toi, mon garçon, dit-il, comme la brise qui souffle dans les voiles de ton courage me semble tourner au calme plat, je dois te prévenir que si tu sentais, pendant que les prunes t'arriveront par devant à la première affaire, des coups de pied te caresser par derrière dans les œuvres vives de ton individualité, il ne faudrait pas t'abandonner à une frivole surprise, vu que je connais personnellement le particulier qui te les ménagera. »

Avant que le vieux maître eût le temps de constater sur le visage de son subordonné l'effet moral de sa période, le cri suivant de la vigie attira tout le monde sur les bastingages :

« Canot à bâbord !

— Rangez-vous à former la haie ! » cria Daniel de Saint-Denis, qui était de quart en ce moment.

Les matelots exécutèrent avec prestesse le commandement, et quelques instants après M. de Bienville, sautant légèrement sur le pont, passait en saluant au milieu de ses matelots et se dirigeait vers l'arrière du vaisseau.

VIII

SÉPARATION

Tandis que les matelots reprenaient leur causerie interrompue par l'arrivée du commandant, Daniel de Saint-Denis et Nicolas de Neuville continuaient leur promenade sur la dunette.

« J'envie ta tranquillité d'esprit, disait Nicolas à son ami.

— Comment l'entends-tu? répondit Daniel.

— Oh! oui, je te vois toujours l'humeur égale, jamais plus triste ni plus gai, l'esprit en repos, seulement occupé de ton service et de cultiver les Muses.

— Mais qui t'empêche d'avoir la même tranquillité? Le commandant apprécie ton courage et tes talents de marin; l'avenir qui s'ouvre devant toi est brillant. Comme moi, tu es orphelin. Donc personne n'a besoin de toi, pourquoi t'occuper l'esprit de chimères?

— Mon cher, tu oublies que j'ai quitté à Québec...

— Ah! je sais, reprit Daniel en souriant, ce grand amour qui n'existe que dans ton imagination.

— Daniel, je ne veux plus que tu railles mes sentiments qui sont sérieux, je te le jure, et la preuve, c'est qu'ils me font souffrir.

— Voyons, mon cher ami, fit Daniel devenu grave, raisonnons un peu. Tu sais si l'affection que je te porte est celle d'un frère. Eh bien! crois-le, je suis navré de te voir par ta propre faute te créer des chagrins. Irène de Linctôt est charmante, je l'avoue; je la crois digne de ton affection, capable de faire ton bonheur par ses vertus. Mais as-tu réfléchi où te mènera cet amour, mon ami? As-tu bien mesuré la distance qui vous sépare et les difficultés de plus d'une sorte qui s'opposent entre elle et toi?

— Oui, mon ami.

— Irène est la nièce de Mme de Vaudreuil et la pupille du gouverneur, et tous deux l'aiment comme leur enfant. Ils rêvent sans doute pour elle un brillant mariage, comme le leur donnent droit du reste leurs alliances en France, leur position et la bienveillance toute particulière du roi. Or crois-tu qu'on t'accordera la main de cette jeune fille, à toi, un pauvre petit officier de fortune dont le patrimoine est fort mince, à supposer toutefois que tu saches faire la conquête de son cœur.

— A cet égard, mon cher, répondit Nicolas, je suis fixé : je suis sûr que mon amour est partagé.

— Comment le sais-tu?

— Elle me l'a dit.

— Soit, mon cher, je veux croire qu'elle t'aime. Mais n'oublie pas ces deux vers qu'écrivait un jour à Marguerite de Valois François Ier, sur les vitres d'une fenêtre du Louvre :

> Souvent femme varie :
> Bien fol est qui s'y fie !

« *O woman! thy name is frailthy!* a dit Shakespeare : l'un était un grand roi et l'autre un grand poète.

— Où veux-tu en venir?

— A ceci, mon cher Nicolas : que Mlle de Linctôt est bien entourée et qu'au milieu des jeunes galants qui papillonnent autour d'elle à Québec, il est fort possible que dans un an, deux ans, plus peut-être, — car qui sait quand nous reverrons le Saint-Laurent, à supposer toutefois que les balles et les boulets respectent nos précieuses personnes, — il est fort possible, disais-je, que Mlle de Linctôt ait non seulement oublié une amourette de petite pensionnaire, mais même le charmant garçon qui en aura été l'objet.

— Mais, mon cher, nous en sommes plus loin que tu ne le crois.

— Comment cela? fit Daniel en regardant son ami avec surprise.

— Mlle de Linctôt m'a juré sa fidélité; elle a reçu mes serments et j'emporte les siens.

— Mes félicitations, mon cher, tu vas vite en besogne amoureuse.

— Mais je l'aime depuis que je la connais.

— Voilà précisément ce qui m'alarme. Qui sait les déceptions qui t'attendent? L'absence, l'éloignement sont de grands rivaux auprès d'une jeune fille, mon cher Nicolas.

— Tu fais vraiment un drôle de consolateur. L'absence, voilà ce qui me **désespère**. Oh! si je pouvais rester au pays!

— Aurais-tu, par hasard, l'idée de donner ta démission, de briser ta carrière?

— Pas de doutes injurieux, je t'en prie. Seulement, ne pourrais-je pas servir aussi bien mon pays et mon roi au Canada qu'ailleurs? Il me semble que les occasions n'y manquent pas.

— Bref, c'est donc un mal vraiment sérieux?

— Incurable.

— Allons! encore une fois, mon ami, je te plains sincèrement. »

Nicolas allait répliquer sur un ton peut-être acerbe, quand un jeune mousse, le bonnet à la main, s'approcha des deux jeunes gens.

« Qu'y a-t-il? fit Daniel en s'arrêtant devant l'enfant.

— Mon officier, le commandant vous demande tous les deux dans son salon, répondit-il.

— Tout de suite?

— Oui, mon officier.

— C'est bien, mon enfant, nous y allons. Viens-tu, Nicolas? »

Les deux jeunes gens se dirigèrent vers la petite écoutille et vinrent frapper discrètement à la porte du salon.

« Entrez! » répondit une voix forte de l'intérieur.

Ils entrèrent et vinrent se placer à l'extrémité d'une grande table surchargée de papiers, à l'autre extrémité de laquelle M. de Bienville était assis.

Le marin était occupé à la lecture d'un document qui semblait absorber toute son attention. Enfin, ayant terminé cette lecture, il releva la tête et, apercevant les deux officiers debout devant lui, le chapeau à la main, dans une pose respectueuse :

« Ah! très bien, messieurs, dit-il. Merci de votre exactitude. Veuillez vous asseoir, nous avons à causer de choses sérieuses. »

Cherchant dans les documents épars sur la table, M. de Bienville tira d'une enveloppe un large papier qu'il déplia, puis, se tournant vers les deux jeunes gens :

« Messieurs, fit-il, je crois que vous vous êtes très liés pendant votre séjour à Québec avec deux jeunes gens d'un brillant avenir, MM. Hertel de Chambly et Jared de Verchères?

— Oui, mon commandant, répondit Daniel.

— J'ai la douleur de vous apprendre, reprit M. de Bienville, que vos deux amis ont été tués dans une campagne contre la Nouvelle-Angleterre.

— Est-ce possible? s'exclamèrent d'une seule voix les deux jeunes gens.

— Après tout, mes amis, n'est-ce pas le sort qui nous attend presque tous, nous, gens de guerre? Ceux qui partent les premiers sont peut-être les plus heureux. Vos deux amis sont morts en braves.

— Puis-je vous demander si cette nouvelle est bien certaine? fit Daniel. Quand nous les avons quittés à Québec, il y a six mois, rien n'annonçait...

— C'est M. de Vaudreuil lui-même qui me l'écrit. Il me donne en même temps tous les détails de l'expédition, et si je ne craignais de vous ennuyer ..

— Mon commandant, pouvez-vous supposer...

— Eh bien! puisque vous ne craignez pas trop d'entendre lire la prose de Vaudreuil, je vais vous communiquer la partie de sa lettre où il me raconte l'expédition :

« — Vous n'ignorez pas, mon cher commandant, lut-il, qu'à votre départ de Québec, il s'organisait à Montréal une expédition contre la Nouvelle-Angleterre. Je me fais un devoir de vous en dire un mot, vous chargeant en même temps d'en rendre bon compte au ministre à votre arrivée en France.

« — Les chefs sauvages établis dans la colonie devaient y prendre part avec une partie de leurs guerriers, cent Canadiens choisis, des Abénaquis de l'Est, outre un grand nombre de volontaires, parmi lesquels se trouvaient la plupart des officiers de la colonie. Le parti comprenait en tout quatre cents hommes. MM. Saint-Ours, des Chaillons et Hertel de Rouville furent placés à la tête des Français, et M. Boucher de

La Perrière particulièrement chargé de conduire les sauvages[1].

« — Il fut convenu que Saint-Ours et Rouville passeraient le long de la rivière Saint-François et seraient suivis des Algonquins, des Abénaquis, de Bécancourt et des Hurons, de Lorette, que La Perrière irait avec les Iroquois par le lac Champlain et que les deux partis se réuniraient au lac Nikisipique, où ils seraient rejoints par les sauvages de l'Acadie. L'entreprise fut différée par divers incidents. Enfin, le 26 juillet dernier, les guerriers se mirent en marche; mais au moment de remonter la rivière Saint-François, Saint-Ours et Rouville apprirent que les Hurons étaient retournés sur leurs pas, parce qu'un d'eux avait été tué par hasard, ce qui leur semblait un mauvais présage. Les Iroquois, qui s'avançaient par le lac Champlain, suivirent cet exemple sous le prétexte que la maladie s'était mise dans leurs rangs et pouvait se communiquer à toute l'armée.

« — Informé de ce contre-temps, j'écrivis aux commandants pour les inviter à continuer leur route et de tomber sur quelque endroit écarté plutôt que de revenir sans rien faire. Les Algonquins et les Abénaquis promirent de suivre des Chaillons et Rouville où ils voudraient les mener.

« — Le parti n'étant plus composé que de deux cents hommes, tant sauvages que Canadiens, après avoir parcouru cent lieues à travers la forêt, déboucha sur le lac Nikisipique, où les Abénaquis n'avaient pu se rendre, parce qu'ils étaient forcés de tourner leurs armes d'un autre côté. Sans se laisser décourager, des Chaillons et de Rouville poussèrent de l'avant, et, au

---

[1] Ferland, *Cours d'Histoire du Canada.*

point du jour, ils attaquèrent Haverhill, sur la rivière
Merrimac. C'était un village de vingt-cinq ou trente
maisons bien bâties, protégé par un fort où logeaient
le commandant avec trente soldats. Le gouverneur de
la Nouvelle-Angleterre, sur l'avis de la marche de nos
soldats, venait d'y envoyer plus de deux cents hommes
de renfort et avait en outre placé de pareils détache-
ments dans les villages environnants.

« — Ne pouvant compter sur la surprise, nos Français et leurs alliés se reposèrent pendant la nuit, et le
lendemain, une heure après le lever du soleil, 29 août,
ils se mirent en ordre de bataille.

« — Rouville adressa une courte allocution à ses
Canadiens, ils firent ensuite leur prière, puis s'élancèrent contre le fort, où on leur fit une vigoureuse
résistance. Ils y entrèrent cependant, la hache à la
main, et y mirent le feu. Les maisons furent ensuite
attaquées et prises l'une après l'autre. Une centaine
d'Anglais furent tués, parmi lesquels les sieurs Wain-
wright, commandant du fort, et Rolf, ministre du lieu.
On fit un grand nombre de prisonniers; mais on n'eut
pas le temps d'emporter le butin.

« — Déjà, dans tous les forts et les villages voisins, les
tambours et les trompettes appelaient aux armes, et il
n'y avait pas un moment à perdre si l'on voulait assurer la retraite. A peine le détachement avait-il parcouru une demi-lieue, qu'il tomba dans une embuscade que lui avaient préparée soixante-dix hommes à
l'entrée d'un bois. En s'approchant de ce lieu, les Canadiens essuyèrent la décharge des ennemis sans bron-
cher d'une semelle; il n'y avait pas à reculer, car les
derrières étaient déjà remplis de gens de pied et de
cheval qui les suivaient de près. On prit sans balancer
le parti de forcer l'embuscade : chacun jeta son paquet

de vivres et de hardes et sans s'amuser à tirer, tous s'élancèrent dans les bois et en vinrent d'abord aux armes blanches. Étonnés d'une attaque si imprévue, les Anglais furent refoulés, et presque tous tués ou faits prisonniers.

« — Nescambiouit, notre fameux chef abénaquis, qui s'est distingué tant de fois parmi nous, a fait merveilles en cette occasion avec le sabre que le roi lui donna lors de son voyage en France.

« — Dans ces deux actions, nous avons perdu trois sauvages et cinq Canadiens, parmi lesquels nous pleurons deux jeunes officiers de grandes espérances, M. Hertel de Chambly, frère de Rouville, et M. Jared de Verchères.

« — Les prisonniers se louent beaucoup de la conduite des vainqueurs à leur égard pendant le voyage au Canada. Les officiers canadiens se sont montrés aussi complaisants après la victoire, qu'ils avaient été courageux pendant le combat. On vante surtout la courtoisie du sieur Dupuy, de Québec, lequel porta sur ses épaules pendant une grande partie de la route, la fille du lieutenant du roi de Haverhill, qui s'était trouvée trop faible pour suivre ses capteurs. »

Les deux jeunes gens avaient écouté cette lecture avec la plus religieuse attention et l'intérêt le plus vif. Une perle humide roulait au coin de leur paupière quand M. de Bienville leva sur eux son clair regard.

« Bien, mes enfants, dit-il, j'aime à vous voir cette sensibilité à la nouvelle de la mort de vos amis. Mais, je vous le répète, ce sont les plus heureux, croyez m'en, parce qu'ils sont morts en faisant leur devoir... Maintenant, êtes-vous disposés à m'écouter sérieusement?

— Oui, mon commandant.

— Il m'en coûte de vous faire la communication pour laquelle je vous ai appelés, car je vais vous causer un nouveau chagrin.

— Nous serons courageux, fit Daniel.

— Je n'en doute pas, reprit le commandant. Et d'abord, je vous dois un mot d'explication. Le récit que je viens de vous lire suffirait pour vous faire soupçonner l'exaspération de nos voisins les Anglais. Mais cette exaspération n'est rien en comparaison de celle qu'a soulevée l'échec de la flotte anglaise contre les établissements de l'Acadie.

« Or l'Angleterre est décidée à en finir une bonne fois pour toutes, non seulement avec l'Acadie, mais avec tout le Canada.

« Mais elle compte sans son hôte. M. de Vaudreuil connaît le danger et la position précaire de la colonie. C'est pourquoi il m'envoie en France pour solliciter des secours du ministre, M. de Ponchartrain. J'ai reçu hier ses ordres par un exprès venu en canot d'écorce.

« J'en ai conféré immédiatement avec M. de Subercase, à qui incombe une grande responsabilité, et qui dispose de forces bien faibles jusqu'au printemps prochain. Voici ce que nous avons arrêté d'un commun accord. Afin de tenir sa garnison en haleine et d'enlever aux Anglais des forces pour combattre au retour de la belle saison, il tentera pendant l'hiver une expédition contre Saint-Jean de Terre-Neuve. Pour toute flotte, il ne possède que le vieux vaisseau mouillé avec nous, qui suffira ; mais il lui manque un commandant capable de le conduire à bon port. Or, mes enfants, nous comptons tous deux sur l'un de vous. »

Daniel lança un regard à son ami. M. de Bienville, qui les observait tous deux, se méprit sur la signification de ce regard.

« Or, mes enfants, nous comptons tous deux sur l'un de vous. »

« Je sais, dit-il, le chagrin que je vais vous causer
en vous séparant ; mais le devoir parle, hésiterez-vous ?
Je n'ai pas voulu faire de choix ; c'est à vous de décider lequel des deux restera ici.

— Mon commandant, reprit Daniel, le choix est
tout fait : j'aurai l'honneur de partir avec vous, car je
sais que M. de Neuville a de bonnes raisons pour dési-
rer rester au pays.

— Vraiment ? » fit M. de Bienville en jetant un
regard interrogateur sur le jeune homme.

Nicolas de Neuville baissa les yeux et rougit, mais il
ne répondit pas.

« Mon ami, je crois deviner, reprit M. de Bienville
en souriant ; mais rassurez-vous, je respecte vos secrets
et je ne vous les demande point.

— Mon commandant...

— Donc, c'est entendu, interrompit le marin.

— Dois-je vous quitter bientôt, mon commandant ?
fit Nicolas.

— Les adieux les plus courts sont les moins douloureux, mes jeunes amis. Ce soir même vous irez
vous mettre aux ordres de M. de Subercase, de Neuville. Votre ami vous accompagnera, je lui donne permission de 11 heures. »

Les deux officiers se levèrent pour prendre congé.

« A propos, j'oubliais de vous prévenir, de Neuville,
reprit le commandant. Comme je passe directement en
France, je dispose de cinquante de mes Canadiens en
faveur de M. de Subercase. Ils vous rejoindront dans
le cours de la soirée sous la conduite de Gaspard Bertrand, par qui je vous transmettrai mes dernières instructions.

« Et maintenant, mon cher de Neuville, ajouta le
marin en se levant, comme le sort des armes est tou-

jours incertain, la mer trompeuse, et que je ne sais moi-même si je reviendrai au pays, donnez-moi la main et recevez tous mes vœux. J'aime à vous rendre le témoignage que depuis que vous servez sous mes ordres, je vous ai toujours trouvé brave, discipliné et généreux. Que Dieu vous protège!... Monsieur de Saint-Denis, ne vous attardez pas : nous appareillons cette nuit. »

Nicolas de Neuville, plus ému qu'il n'aurait voulu le laisser paraître, ne put répondre que par un serrement de main aux bonnes paroles du commandant; puis, ayant salué, il sortit du salon suivi de son ami.

Comme l'avait annoncé M. de Bienville, la *Renommée* appareilla dans la nuit, et quand Nicolas, au lever de l'aurore, se rendit sur le rivage pour interroger la mer, il ne vit plus qu'un point blanc à l'horizon.

IX

LA CONFESSION DE MAITRE BERTRAND

« Pour lors, maître Bertrand, que vous croyez tant
seulement que nous pourrions bien avaler notre gaffe
dans ce maudit pays dont nous allons à la conquête?

— Pompon-Filasse, mon garçon, j'ai eu nonobstant
le plaisir déjà de te le faire remarquer en d'autres circonstances : ton courage me semble obscurci d'une
espèce de modérantisme qui pourrait bien te jouer des
mauvais tours, si tu voyages dans mes eaux.

— Pourtant, à la dernière affaire, l'enfant s'est battu
comme un petit caïman qu'on enlève à Mme sa mère, si
vous vous rappelez, maître, fit un autre matelot.

— Et voilà, reprit Bertrand, ce que je ne puis m'expliquer de la part du moucheron, qui tremble comme
une voile dans le vent chaque fois qu'il est question de
se brosser la ralingue.

— C'est que, maître, ce jour-là j'avais vu le Père
Rasle.

— Eh bien! quoi qu'il t'avait fait, le Père Rasle[1]?

— Il m'avait confessé.

[1] Missionnaire en Acadie, assassiné par les Anglais le 22 août 1724,
près de Narantchouak.

— Ah! mon garçon, use du moyen pour te donner
du cœur au ventre, il est bon. Il n'y a rien comme de
larguer en grand toute sa vie dans le pertuis de l'en-
tendement d'un aumônier pour faire aller sur le grand
largue.

— Que vous allez à confesse, maître Bertrand?
firent plusieurs soldats. Nous croyions que vous étiez
un vieux dur à cuire qui ne croyait pas à ces
choses-là.

— Je ne me fâche pas, mes enfants, attendu que j'ai
été tout ce que vous dites. Je riais de ces choses que
j'appelais des bêtises; mais depuis que le vieux Père
Rasle m'a pompé sans tant seulement que je m'en
aperçoive...

— Sans vous en apercevoir?

— Sans même que je me doute que j'allais à confesse. »

Cette réponse, donnée avec la gravité imperturbable
que le vieux maître mettait en toutes choses, excita
l'hilarité de son entourage.

Cette conversation avait lieu sur les bords de la baie
Sainte-Marie dans l'île de Terre-Neuve. Une vingtaine
d'hommes faisaient cercle autour du vieux matelot, la
tête enfouie dans un immense bonnet de fourrure, tandis qu'une centaine d'autres préparaient sur la neige
durcie des abris en sapin pour la nuit.

« Se confesser sans s'en apercevoir, c'est pas se confesser, ça! fit Pompon-Filasse.

— Comment! moucheron, reprit le vieux maître
irrité, vas-tu pas vouloir en remontrer aux anciens à
présent?

— Mais, maître Bertrand...

— Allons, allons, de l'indulgence, maître Bertrand,
et contez-nous ça plutôt; ce sera le meilleur moyen

de confondre Pompon-Filasse, demandèrent plusieurs voix.

— Y tenez-vous tant que ça, mes mamours?

— Oui, oui, maître! » firent-ils tous.

Maître Bertrand renvoya son bonnet en arrière, tira deux ou trois bouffées de son éternelle pipe à court tuyau, ôta sa chique, lança devant lui un long jet de salive noirâtre, puis, s'étant essuyé la bouche avec sa manche, il toussa à deux ou trois reprises pour raffermir sa voix :

« Pour lors, mes caïmans, dit-il, il y a comme qui dirait vingt-deux ans que la chose est arrivée. Le vieux Bertrand n'était pas encore maître sur un vaisseau du roi, quoiqu'il eût fait déjà plus d'une campagne avec le vaillant commandant d'Iberville, le meilleur loup-de-mer qui se soit jamais bourlingué sur la mer jolie.

« Débarqué à Plaisance, dans cette île dont nous allons à la conquête, v'là qu'un jour il nous arrive cinq gros vaisseaux anglais qui mouillent dans la baie sans seulement en demander la permission. M. de Brouillan, qui commandait dans le fort, n'avait que cinquante terriens à sa disposition, ce qui était bien peu pour résister à des matelots, fût-ce même des Anglais.

« Pour lors, il y avait dans la baie soixante matelots basques, des vrais gabiers, quoi! qui ne demandaient pas mieux que de se crocher avec l'Anglais, histoire de s'entretenir la main. V'là que le commandant me fait appeler et qu'il me dit :

« — Eh bien! mon vieux marsouin, qu'est-ce que tu dirais d'une petite promenade dans les broussailles que tu vois-là, la nuit prochaine, avec ces soixante braves? Crois-tu qu'il serait alors facile aux Anglais d'y tenter un débarquement?

« — Je dis, mon commandant, que la chose m'irait comme le nœud va à la garcette.

« — C'est dit, mon vieux. Mais je ne te cache pas que vous pourriez bien y rester tous.

« — Je m'en bats l'œil, mon commandant, je m'en moque comme de ma première chique.

« — Eh bien! ce soir, à la tombée de la nuit, tu prendras le commandement du poste, et n'oublie pas que tu tiens dans tes mains le sort de la place.

« — On s'en souviendra, mon commandant. »

« A la brunante, j'étais assis près de la porte du fort en attendant mes hommes, qui étaient dans ce moment-là je ne savais où, quand v'là qu'arrive tout doucement le Père Rasle, qui était l'aumônier de la garnison.

« — Eh bien! mon vieux Bertrand, qu'il me dit, tu vas donc en expédition ce soir?

« — Oui, mon aumônier.

« — Tu n'as pas peur d'y filer ta dernière écoute?

« — Bah! mon aumônier, aujourd'hui ou demain, il faut toujours bien finir par la filer.

« — Oui, mais encore faut-il être prêt à la filer; car on ne sait pas comment se battra le rappel dans l'autre côté.

« — Dame! mon aumônier.

« — La consigne est sévère, et si...

« — As pas peur! mon aumônier.

« — Pourquoi n'es-tu pas venu comme tes camarades faire ton sac pour le grand voyage, afin d'être paré à l'inspection si le bon Dieu veut qu'il t'arrive malheur cette nuit?

« — Si je vous comprends bien, mon aumônier, c'est aller à confesse que vous voulez parler, comme qui dirait vider la soute aux saletés?

« — Eh! oui, mon vieux.

« — Des bêtises, mon aumônier, il y a longtemps que je ne pense plus à ça.

« — Il y a donc bien longtemps que tu y as été?

« — Ah! mon aumônier, il y a bien au moins vingt ans.

« — Pourtant tu n'es pas meilleur qu'un autre; car je suis bien certain que tu jures souvent, tous les jours· peut-être?

« — Plutôt deux fois qu'une, mon aumônier.

« — Tu t'enivres parfois, n'est-ce pas? Je suis sûr que dans ces circonstances-là, tu blasphèmes? Tu te bats?

« — Oui, mon aumônier.

« — Quand tu étais avec ta vieille mère, — car elle vit encore ta vieille mère, n'est-ce pas?

« — Oui, mon aumônier.

« — Ta mauvaise conduite l'a fait pleurer plus d'une fois?

« — Oui, mon aumônier.

« — Comment! toi qui n'es pourtant pas un mauvais garnement, ne regrettes-tu pas ces vilaines choses qui offensent le bon Dieu et qui font mourir de peine ta vieille mère?

« — Mon aumônier, si je les regrette. Que je voudrais que vous me mettriez en machemoure pour me punir comme je le mérite!

« — Tu n'y retourneras plus?

« — Non, mon aumônier.

« — Sur ton honneur?

« — Foi de matelot, mon aumônier.

« — Bon : tu m'as confessé tes péchés, tu les regrettes et tu m'as promis sur ton honneur de ne plus les commettre. A genoux, matelot, je vais te donner l'absolution.

7

« — Arrêtez! arrêtez! mon aumônier, que je lui
crie. Puisque vous voulez me donner l'absolution, don-
nez-moi-la aussi pour ça, puis pour ça. »

« Et je lui en file une amarre de trois ou quatre
gros que le bon Père en fit la grimace!

« Et dans la nuit, mes vieux caïmans, ajouta le
vieux maître en redressant sa taille, quand vingt chaloupes chargées de soldats vinrent nous attaquer, je
combattis comme un lion, car je ne craignais plus ni
Dieu ni diable! Avis à toi, Pompon-Filasse, mon garçon, quand tu sentiras ton courage aller à la dérive.

— Et les Anglais furent-ils repoussés, fit le jeune
matelot.

— Peux-tu en douter, nonobstant? espèce de trem-
bleur de la mer du sud?

— Mes enfants, il faut prendre un peu de repos, si
vous voulez être alertes au point du jour, » fit Nicolas
de Neuville, qui passait près du groupe en ce moment.

Quelques instants après, tous ces braves dormaient
sur des lits de sapin autour d'un grand feu, tandis que
trois sentinelles veillaient à la sécurité commune à la
lisière du bois.

X

A L'ASSAUT

Comme on l'a vu précédemment, afin de prévenir autant que possible des revers, à peu près certains, M. de Subercase était décidé à ne pas attendre le printemps pour continuer les hostilités.

Peu de temps après le départ de M. de Bienville, il reçut de M. de Saint-Ovide, lieutenant du roi à Plaisance, la proposition de prendre les forts de Saint-Jean, où étaient les magasins des établissements anglais dans l'île. M. de Saint-Ovide offrait même de faire cette conquête à ses propres frais [1].

Ce projet téméraire reçut l'approbation de M. de Subercase, qui réunit aussitôt une centaine d'hommes, sauvages et habitants, auxquels se joignirent les cinquante matelots canadiens commandés par Nicolas de Neuville et Gaspard Bertrand, en sous-ordre.

Le parti se mit en marche sur les neiges le 14 décembre. Le 20, il arrive au fond de la baie Sainte-Marie, où nous venons de le retrouver.

Au point du jour, après un frugal repas composé de pemmican [2], la troupe se remit en marche et se trouva,

---

[1] Ferland Charlevoix.
[2] Viande séchée que l'on réduit en poudre.

vers midi, devant un bras de mer de quatre à cinq lieues de largeur. Heureusement M. de Costebelle avait eu la précaution d'envoyer des chaloupes, de sorte que la traversée se fit sans beaucoup de difficultés.

Enfin, le 31 décembre, le parti arrivait le soir à cinq lieues de Saint-Jean sans que les Anglais eussent même soupçonné leur marche.

« Quoiqu'il fît toujours extrêmement froid, dit Garneau, il fut défendu de faire du feu; on campa dans un petit bois de sapins pour s'abriter un peu ; les soldats mirent leurs souliers sous eux pour les faire dégeler par la chaleur de leurs corps. »

On n'a pas une idée bien nette aujourd'hui de ce qu'était la guerre à cette époque en Amérique et de l'héroïsme de nos soldats obligés de faire les marches les plus pénibles en hiver, au milieu des bois, portant leurs provisions sur leur dos et souvent à moitié vêtus.

« Un Européen qui ne serait jamais venu en ce pays, dit Bancroft, et auquel on raconterait quelques-unes de ces expéditions, croirait à un récit de la fable [1]. »

Le fort Saint-Jean de Terre-Neuve était bien approvisionné de munitions de guerre et défendu par neuf cents hommes. On se rappellera que l'effectif de la troupe de M. de Saint-Ovide n'atteignait pas plus de deux cents soldats. Mais comptait-on ses ennemis en ce temps-là ?

Des éclaireurs, envoyés vers le fort, rapportèrent les nouvelles les plus favorables. Les ennemis, confiants dans leurs forces, se livraient au plaisir et paraissaient plongés dans la plus parfaite sécurité.

---

[1] *History of the United States.*

L'héroïsme de nos soldats obligés de faire les marches
les plus pénibles en hiver.

Il fallait donc saisir l'occasion aux cheveux, que l'on nous passe l'expression. Les officiers et les soldats ne demandaient qu'à marcher. On résolut de ne pas les faire languir et de profiter de leur enthousiasme pour assurer la victoire dont on ne doutait pas. Comme l'expédition ne pouvait réussir que par surprise, avant de pousser plus loin, on prépara promptement ce qui était indispensable pour s'attaquer au fort en arrivant.

Enfin, dès l'aurore, le jour de l'an au matin, la petite troupe se mit en marche. Malgré les précautions les plus minutieuses, M. de Saint-Ovide, à trois cents pas du fort, fut aperçu par l'ennemi.

« La garnison a oublié de fermer la porte du chemin couvert, dit-il à Nicolas de Neuville, qui marchait auprès de lui, enlevez-moi ça avec vos Canadiens.

— Pompon-Filasse, mon garçon, v'là l'occasion de montrer la longueur de ton courage, disait en ce moment le vieux maître à son élève favori.

— Maître, ça me fait toujours un drôle d'effet quand on va se donner le coup de torchon, répondit l'enfant.

— Pense au vieux Gabier qui commande là-haut, au-dessus des nuages. Il n'y a pas de lâcheté d'y avoir une intention. C'est pas à dire, mon garçon, il y a dans la vie des circonstances où la seule bravoure est un chétif moyen pour remonter le courage des créatures.

— En avant! matelots! A l'abordage! Qui m'aime me suive! » s'écria de Neuville d'une voix de stentor.

Les matelots s'élancèrent sur ses pas et disparurent dans le chemin couvert, pour reparaître un instant après sur les remparts du premier fort, qui fut enlevé haut la main, même avant l'arrivée du gros de la troupe.

Les Français s'attaquèrent ensuite à la seconde enceinte fortifiée. En un instant la porte fut entourée de matières inflammables et dévorée par les flammes. Comme le feu n'allait pas assez vite, on acheva de l'enfoncer avec une pièce de bois dont les matelots se servirent en guise de bélier. Partout on commençait à escalader les fortifications. Les blessés et les morts, entassés tout autour du mur, aidaient de nouveaux assaillants à sauter par-dessus les retranchements. Les sauvages poussaient des cris aigus, et, semblables à des spectres fantastiques, aux premières lueurs du jour qui éclairaient d'étranges reflets leur poitrine nue et ruisselante du sang des blessures qu'ils avaient reçues, bondissaient comme des jaguars, tuant, blessant, détruisant, renversant tout.

Une affreuse consternation s'empare de tous les cœurs, dans le fort ; on s'élance, on court, on bondit en tous sens sans savoir ce que l'on fait ni où l'on va. Un pêle-mêle horrible en résulte. Une décharge tombe au milieu de ce chaos et couche sur le sol un grand nombre de ces malheureux, qui ne devaient plus se relever. Le désordre redouble. Les décharges succèdent aux décharges. Partout on court, on se heurte, on crie, on se presse : c'est un délire, une frénésie de terreur sans nom.

Enfin une partie de la garnison, avec le commandant, peut gagner un petit fort situé à l'autre extrémité de la place, tandis que la plus grande partie reste sur le champ de bataille ou prisonnière des Français.

Nicolas de Neuville, qui avait fait des prodiges de valeur à la tête de ses matelots, fut chargé d'aller sommer le commandant de se rendre. Celui-ci demanda vingt-quatre heures pour se décider. On les lui accorda et, ce terme écoulé, il se rendit, quoiqu'il eût encore quatre-vingts hommes en état de combattre, des vivres pour plusieurs mois et une assez belle artillerie de gros calibre.

Maître de Saint-Jean, M. de Saint-Ovide dépêcha un exprès à M. de Costebelle, gouverneur des établissements français dans l'île, pour l'informer de l'heureux succès de son expédition. Le gouverneur lui manda de démanteler les forts et de retourner à Plaisance vers la fin de mars.

Saint-Ovide ne demandait pourtant que cent hommes pour conserver les forts de Saint-Jean et achever la conquête de l'île. Mais il fallait obéir. Il s'embarqua donc avec une partie de ses prisonniers que lui avait envoyé M. de Costebelle et rapporta un butin considérable. Ce fut cependant avec un réel chagrin qu'il se vit condamner à perdre le fruit de ses victoires, grâce à l'impéritie de ses chefs.

« Ce qui te prouve, mon garçon, disait sentencieusement Gaspard Bertrand à Pompon-Filasse, qu'on ne pourra jamais rien tirer de bon d'un terrien. Aussi réjouis-toi nonobstant d'appartenir à la seule carrière qui soit digne d'un chrétien en personne naturelle. »

XI

DÉCOUVREURS ET DÉCOUVERTES

« C'est bien à juste titre, dit Ferland [1], que le siècle qui a suivi la fondation de Québec a été désigné comme le temps héroïque de la Nouvelle-France. Cette période, en effet, présente des traits nombreux de dévouement religieux, de courage, de foi, de persévérance. Le même esprit animait les simples laïcs et les religieux, des femmes faibles aussi bien que les soldats et les hardis explorateurs qui s'aventuraient au milieu des tribus sauvages.

« Que de nobles natures se sont développées parmi les Français du Canada, dans la lutte entre la civilisation chrétienne et le naturalisme sauvage des aborigènes ! Comment ne pas admirer ces jeunes gens, doués des plus beaux dons du cœur et de l'esprit, habiles à la chasse, adroits à conduire le léger canot d'écorce dans les passages les plus difficiles, devançant à la course les plus agiles coureurs de la race rouge, infatigables dans les longues marches au milieu des forêts, accoutumés à combattre l'Iroquois avec la hache et le fusil, parlant les langues des sauvages aussi bien que les sauvages eux-mêmes, et, cependant, toujours prêts à

[1] *Cours d'Histoire du Canada* (Granger frères, édit.).

mettre leurs belles qualités au service de la religion et
de la patrie, et à sacrifier leur vie au milieu des plus
horribles supplices pour la gloire de Dieu et l'honneur
du nom français! Des filles timides, élevées dans la
paix et la solitude du cloître, renonçant au silence du
couvent pour servir Dieu au milieu de pauvres colons
et de sauvages sales et déguenillés; de grandes dames,
habituées à l'aisance, formées aux agréments de la
haute société, se condamnant volontairement à couler
leurs jours dans un pays barbare et n'offrant aucune
des jouissances matérielles qu'elles avaient possédées
en France. »

A part ces hommes de guerre qui portèrent bien
haut l'honneur français de ce côté-ci de l'Atlantique, il
y eut durant cette époque d'autres gloires, des héros
d'un autre [genre qui ne méritent pas moins le juste
tribut de notre admiration et de notre gratitude : nous
voulons parler de ces hardis voyageurs qui ne crai-
gnirent pas de s'aventurer jusqu'aux limites les plus
extrêmes du continent américain pour faire de nouvelles découvertes.

Mais même ces hardis pionniers de la civilisation
eurent bien souvent des précurseurs dans la personne
des pieux missionnaires, surtout parmi les Jésuites.
C'est donc avec raison que Bancroft a écrit ces mots :
« L'histoire des travaux des missionnaires se rattache
à l'origine de toutes les villes célèbres de l'Amérique
française. Pas un cap n'a été doublé, pas une rivière
n'a été découverte sans qu'un Jésuite en ait montré le
chemin [1]. »

Cependant les laïques, tantôt pour s'illustrer par de
brillantes découvertes, tantôt pour s'enrichir par la

---

[1] *History of United States.*

traite des pelleteries, ont quelquefois frayé la route aux missionnaires. Nous citerons parmi les plus célèbres, Champlain lui-même, Nicolet, Perrot, Jolliet, La Salle et La Vérendrye.

Nous croyons qu'il entre dans l'idée qui a présidé à cet humble ouvrage de faire connaître en peu de mots les principales découvertes que nous devons à ces hommes héroïques. Aussi bien, ce récit, que nous empruntons en grande partie au Dr H. La Rue, de regrettée mémoire, nous conduira naturellement sur les lieux où nous avons l'intention de transporter quelques scènes de cette véridique histoire.

Champlain, le premier, avait découvert successivement la rivière Richelieu et le lac qui porte son nom, plus tard la rivière Outaouais, puis les lacs Huron et Ontario, et enfin presque tout le pays qui forme aujourd'hui la province d'Ontario.

Du temps même de Champlain, le Père Dolbeau avait parcouru les montagnes pittoresques du Saguenay. En 1647, le Père de Quen découvrit le lac Saint-Jean. En 1646, le Père Druillettes se rendit depuis le fleuve Saint-Laurent jusqu'à la mer par la rivière Chaudière et celle de Kennébec.

Mais de toutes ces explorations, celle qui exigea le plus de hardiesse, d'intrépidité, de persévérance, celle en même temps qui a été la plus féconde en grands résultats de tous genres, a été la découverte du Mississipi.

« Il paraît maintenant bien constaté, dit Laverdière, que le premier Canadien qui ait découvert les *Grandes Eaux* du Mississipi est l'intrépide et aventureux Nicolet, qui avait déjà couru tous les pays de l'ouest vers l'an 1639.

« Plus de trente années après (1673), M. Talon chargea un bourgeois de Québec, nommé Jolliet, et

Champlain, le premier, avait découvert successivement
la rivière Richelieu et le lac qui porte son nom.

le Père Marquette d'aller reconnaître si ces *Grandes Eaux* dont parlaient les sauvages coulaient au sud vers le golfe du Mexique, ou se déchargeaient dans le grand océan Pacifique. Ces deux voyageurs avaient suivi le cours du Mississipi jusqu'à l'Arkansas ; mais, éloignés de Québec de plus de neuf cents lieues, manquant de vivres et de munitions dans un pays dont ils ne connaissaient pas les habitants, ils s'étaient vus contraints de reprendre le chemin du Canada, n'ayant plus le moindre doute que le fleuve ne se jetât dans le golfe du Mexique. »

Jolliet était né à Québec et avait fait ses études au collège des Jésuites.

Pour donner une idée des difficultés de l'entreprise, il suffira de rapporter les paroles que les Poutouatamis, nation sauvage de l'ouest, adressèrent au Père Marquette avant son départ de leurs villages :

« Ne savez-vous pas, dirent-ils, que ces nations éloignées n'épargnent jamais les étrangers ; que les guerres infestent leurs frontières de hordes de pillards ; que la Grande-Rivière abonde en monstres qui dévorent les hommes, et que les chaleurs excessives y causent la mort ? »

En dépit de ces funestes prédictions, les deux intrépides découvreurs se mirent en marche, accompagnés de cinq Français et de deux guides sauvages. Bientôt ceux-ci, effrayés de l'audace de l'entreprise, revinrent sur leurs pas ; les cinq Français continuèrent seuls leur route.

Après huit jours de navigation, à leur grande joie, ils débouchèrent tout à coup dans le grand fleuve.

« Les deux canots, dit Bancroft déjà cité, ouvrirent alors leurs voiles, sous un nouveau ciel, à de nouvelles brises ; ils descendirent le cours calme et majestueux du tributaire de l'océan ; tantôt ils glissaient le long de

larges et arides bancs de sable, refuges d'innom-
brables oiseaux aquatiques ; tantôt ils rasaient les îles
qui s'élèvent au milieu du fleuve et que couronnaient
d'épais massifs de verdure ; tantôt enfin ils fuyaient les
vastes plaines de l'Illinois et de l'Iowa, couvertes de
forêts magnifiques ou parsemées de bocages jetés au
milieu des prairies sans bornes. »

Ils firent ainsi soixante lieues sans rencontrer un
seul homme. Un jour, ils découvrirent sur la rive
droite du fleuve des vestiges sur le sable et un sentier
à travers la prairie, lequel les conduisit au bout de
six milles à l'entrée d'une bourgade qui leur parut
déserte. Ils appelèrent à haute voix. Quatre vieillards
parurent aussitôt et vinrent au-devant d'eux en leur
présentant le calumet de la paix.

« Nous sommes des Illinois, dirent-ils, nous sommes
des hommes, soyez les bienvenus parmi nous. »

C'était la première fois que le sol de l'Iowa était
foulé par les blancs.

Après avoir dit adieu à ces sauvages, les voyageurs
se mirent de nouveau en route et se rendirent, comme
nous l'avons vu plus haut, jusqu'à l'Arkansas.

En revenant, ils suivirent la rivière des Illinois et
atteignirent Chicago.

« Ils venaient de découvrir, dit Garneau, le pays le
plus riche du monde, un sol couvert de vignes, de
pommiers, de forêts magnifiques, arrosé d'innom-
brables rivières et parsemé de vertes prairies grouil-
lantes de bisons, de cerfs et d'oiseaux de toutes sortes·
ils avaient découvert enfin une contrée d'une fertilité
prodigieuse et qui exporte aujourd'hui une immense
quantité de blé, dont une partie, depuis l'ouverture des
canaux du Saint-Laurent, passe par le Canada pour se
répandre sur les marchés de l'Europe. »

Pour se les rendre favorables, la reine d'Angleterre leur envoya
de grands présents.

Le Père Marquette resta parmi les sauvages de l'Illinois et Jolliet revint à Québec pour rendre compte de sa mission.

En descendant le fleuve, il faillit se noyer dans les rapides au-dessus de Montréal et perdit tous ses papiers, qu'il refit de mémoire plus tard.

Le Père Marquette fut bientôt attaqué d'une maladie qui ne pardonne pas. Il se mit en route dans le dessein de se rendre à Michillimakinac pour pouvoir mourir au milieu de ses frères et recevoir les secours de la religion; mais Dieu le trouvait assez mûr pour le ciel et voulait l'appeler à lui sur les lieux mêmes de ses exploits, à la plus grande gloire du Christ.

Ses forces le trahirent bientôt. Ayant pénétré dans une petite rivière, ses compagnons élevèrent à la hâte sur ses rives une méchante cabane d'écorce et ils y couchèrent l'illustre malade le mieux qu'ils purent.

Au milieu de ses souffrances, le seul souci du saint missionnaire fut de consoler ses compagnons. Il les exhorta à la confiance en Dieu qui ne les abandonnerait pas dans ces vastes solitudes. Puis il leur donna quelque temps pour se préparer à recevoir le sacrement de pénitence qu'il voulait leur administrer avant de mourir. Il acheva, dans l'intervalle, ce qui lui restait à dire de son bréviaire pour ce jour-là. Car, quelque incommodité qu'il eût dans le voyage, il voulait le réciter jusqu'au dernier jour de sa vie.

Après avoir entendu les confessions de ses bien-aimés compagnons, il les envoya prendre un peu de repos. Quand il sentit que l'agonie approchait, il les appela, et, remettant à l'un d'eux le crucifix qu'il portait à son cou, il le pria de le tenir élevé en face de lui. Portant les yeux sur cette image bénie, la fixant de son regard, il fit sa profession d'une voix ferme, remercia Dieu de la grâce incomparable qu'il lui faisait de mourir jésuite, missionnaire et abandonné au milieu du désert.

Il se tut ensuite et se recueillit, laissant échapper de temps à autre quelques pieuses aspirations. Il entra enfin en agonie, mais une agonie douce, tranquille; ses lèvres mourantes murmurèrent les noms de Jésus et de Marie qu'il prononça plusieurs fois. En même temps, comme si quelque chose se fût présenté devant ses yeux, il les éleva tout d'un coup un peu au-dessus du crucifix, et regardant toujours fixement du même côté, le visage souriant et tout enflammé, il rendit paisiblement sa belle âme à son Créateur, un samedi, le 19 mai 1675, entre 11 heures et minuit[1].

« Ainsi se termina dans le silence des forêts, dit Garneau, la vie d'un homme dont le nom retentit aujourd'hui plus souvent dans l'Histoire que celui de bien des personnages qui faisaient alors du bruit sur la scène du monde, et qui sont pour toujours oubliés. »

Après avoir versé bien des larmes sur le corps de leur *Père,* les deux compagnons du missionnaire allèrent l'enterrer sur une petite colline voisine et ils plantèrent une grande croix sur sa tombe.

Cependant Jolliet et Marquette n'avaient pas suivi ce grand fleuve dans tout son cours et n'avaient fait qu'augurer, sans l'avoir constaté de leurs yeux, que le Mississipi se décharge dans le golfe du Mexique. Ce ne fut qu'en 1682 que Cavalier de La Salle, après des fatigues inouïes, des contrariétés sans nombre, accomplit cet exploit et prit possession, au nom du roi Louis XIV, de l'immense bassin du Mississipi, auquel il donna le nom de Louisiane.

---

[1] Relations des Jésuites.

La découverte par mer de l'embouchure de ce grand fleuve est due à Le Moyne d'Iberville, qui y entra le 2 mars 1699. Il y fit plusieurs voyages, notamment en 1701, où il commença des établissements sur la rivière Mobile.

Il y bâtit un fort avant de partir et en laissa le commandement à son frère, M. de Bienville.

L'année suivante, d'Iberville revint pour une quatrième et dernière fois, y fit construire des magasins et des casernes dans un endroit qu'il avait nommé l'île du Massacre, parce qu'on y avait trouvé des ossements, endroit qui devint insensiblement le quartier général de la colonie.

Les compagnons du grand marin venaient pour la plupart du Canada et étaient, par conséquent, diocésains de l'évêque de Québec, puisqu'on regardait alors cet immense pays comme faisant partie de la Nouvelle-France. M. de Montigny et quelques prêtres du séminaire des Missions étrangères y furent envoyés de Québec.

Le pays des Illinois offrait une étape entre Québec et ce pays. Quelques missionnaires jésuites s'étaient établis depuis quelques années parmi ce peuple, et quel peuple! quand ils y pénétrèrent pour la première fois. Charlevoix nous en a laissé une triste peinture : « Ils ont toujours eu assez de douceur et de docilité, dit-il; mais ils étaient lâches, traîtres, légers, fourbes, voleurs et brutaux, sans honneur, sans foi, intéressés, adonnés à la gourmandise et à la plus monstrueuse impudicité, presque inconnue aux sauvages du Canada; aussi en étaient-ils méprisés. Ils n'étaient pas moins fiers ni moins prévenus en leur faveur. »

Eh bien! la religion chrétienne changea ces hommes en peu d'années, et cette tribu, comme la nation abénaquise, fut toujours la fidèle alliée de la France.

Cependant la Louisiane, vers cette époque, était
encore assez faible, puisqu'elle ne comptait que deux
ou trois établissements, qui excitaient pourtant la
ialousie des Anglais de la Caroline. Ceux-ci résolurent
d'envoyer des troupes vers le Mississipi. Mais pour
mettre ce projet à exécution, il fallait passer sur les
terres de tribus sauvages amies des Français, la nation
des Chactas notamment. Pour se les rendre favorables,
la reine d'Angleterre leur envoya de grands présents.
M. d'Artaquette, commissaire ordonnateur dans le gouvernement de la Louisiane, en fut informé aussitôt et
demanda en France les secours nécessaires pour faire
face à toutes les éventualités.

Tel était l'état des choses au moment où nous reprenons notre récit.

XII

SOUS D'AUTRES CIEUX

Le 24 février 1718, les rares curieux de la Nouvelle-Orléans, dont M. de Bienville avait jeté les fondements l'année précédente, suivaient avec un vif intérêt les mouvements d'un vaisseau qui faisait les plus persévérants efforts pour atteindre la ville.

C'était toujours une grande affaire à cette époque que l'arrivée d'un navire d'outre-mer; mais l'intérêt prenait des proportions inusitées ce jour-là, attendu que celui qui s'avançait allait être le premier qui eût atteint ces parages nouveaux.

Il marchait cependant sous ses trois huniers, son grand foc et sa brigantine; mais si lentement, et d'une allure si triste, que les curieux se demandaient s'il n'était pas arrivé à bord quelque accident. Néanmoins les experts en navigation reconnaissaient que, si réellement un accident était arrivé, ce ne pouvait être au bâtiment lui-même, car il s'avançait dans toutes les conditions d'un navire parfaitement gouverné : son ancre était au mouillage, ses haubans de beaupré décrochés, et sur la passerelle se promenait un jeune homme au geste rapide et à l'œil actif, son porte-voix à la main, surveillant chaque mouvement du navire et donnant ses ordres d'une voix nette et brève.

La vague inquiétude qui planait sur la foule semblait cependant avoir atteint d'une façon plus intime un des spectateurs pour lequel tous les curieux montraient la plus respectueuse déférence. N'y pouvant plus tenir, ce personnage sauta dans une petite barque et ordonna au patron de ramer vers le bâtiment, qu'elle atteignit bientôt.

En voyant venir ce canot, le jeune marin de la passerelle quitta son porte-voix et vint s'appuyer à la muraille du vaisseau.

En jetant les yeux sur ce jeune marin, un sourire éclaira le visage de l'homme de la barque. Tout en saisissant l'extrémité d'une amarre qu'on venait de lui jeter :

« Palsambleu ! dit-il, on me l'aurait donné en cent, en mille, que je n'aurais jamais deviné. Comment ! c'est vous qui commandez ce navire, mon cher de Saint-Denis ?

— Pas moi, monsieur de Bienville, mais bien votre frère, M. de Sérigny, qui sera fort aise de vous voir, je vous l'assure ! répondit le jeune homme.

— Comment se fait-il donc alors qu'il ne soit pas sur son banc de quart pour présider au mouillage ? Serait-il malade ?

— Oui, monsieur. Mais ne vous alarmez point : une simple indisposition, une forte fièvre qui le tient au lit depuis quelques jours, » fit Daniel.

Puis se tournant vers ses hommes :

« Holà ! hé ! dit-il, chacun à son poste pour le mouillage. »

L'équipage obéit. Les matelots s'élancèrent, les uns sur les écoutes, les autres sur les bras, les autres aux drisses, les autres aux hallebas des focs, les autres aux cargues des voiles.

Le jeune marin jeta un coup d'œil nonchalant sur ce commencement de manœuvre, et, voyant que ses ordres allaient s'exécuter, il revint à son interlocuteur

« La banque de Law venait d'être établie sous l'autorité du Régent. »

« Et maintenant, si vous voulez monter, mon commandant, dit Daniel, j'aurai l'honneur de vous présenter un jeune officier canadien, M. du Gué de Boisbriand, qui a sous sa conduite les concessionnaires que le Gouvernement vous envoie. »

M. de Bienville saisit un câble que Daniel lui jeta, puis, avec la dextérité d'un homme de mer, il gravit les échelons cloués sur le flanc rebondi du navire, et en deux enjambées il fut auprès du jeune marin.

En ce moment s'avançait effectivement vers eux un jeune homme portant l'uniforme des troupes de terre qui fut présenté par Daniel à M. de Bienville, et tandis que celui-ci, conduit par cet officier, se dirigeait vers la dunette du vaisseau, le jeune marin retournait à son poste.

Comme on arrivait au mouillage :

« Range à carguer les voiles de hune, le foc et la brigantine! cria Daniel; faites penand! »

L'ordre s'exécuta avec la plus grande promptitude.

« Amène et cargue partout! »

Au dernier commandement, toutes les voiles s'abaissèrent et le navire s'avança d'une façon insensible, ne marchant plus que par la seule force de l'impulsion donnée.

Enfin dès qu'il fut devenu presque stationnaire :

« Mouille! » fit de nouveau Daniel.

Aussitôt l'ancre tomba et la chaîne fila avec bruit dans l'écubier.

Le jeune homme resta à son poste jusqu'à ce que cette dernière manœuvre fut terminée, puis alors :

« Montez la flamme au grand-mât, cria-t-il, pavillon à la corne! Canonniers, à vos pièces! feu des deux premiers canons de tribord! »

Le navire, sous l'impulsion de la chaîne qui raidit, fit un demi-tour sur lui-même, montrant sa poupe aux curieux de la plage, qui lurent sur son couronnement le nom de *Neptune*.

Alors le jeune officier, quittant le banc de quart, se dirigea vers le carré du commandant, dans lequel il entra après avoir frappé.

Nous n'irons pas fatiguer le lecteur en lui racontant les faits et gestes de Daniel de Saint-Denis du jour où nous l'avons quitté à bord de la *Renommée* en rade de Port-Royal.

Qu'il nous suffise de dire qu'après avoir passé deux années inactif en France, le jeune marin avait toujours navigué depuis, se battant avec bravoure quand l'occasion s'en présentait, avec l'insouciance dont il avait fait preuve jusque-là, charmant ses loisirs par l'étude, content de son sort, s'inquiétant fort peu en quels parages on l'enverrait se faire tuer.

Embarqué avec M. de Sérigny sur le *Neptune,* ce vaisseau avait reçu l'ordre de transporter des colons en Louisiane et de se mettre à la disposition de M. de Bienville, qui en était alors gouverneur.

Au moment où Daniel entra, la conversation semblait animée entre M. de Bienville et son frère, M. de Sérigny, à demi couché sur un divan.

« Et vous dites que cet aventurier écossais, ce Law, vient d'être nommé contrôleur général des finances? disait M. de Bienville.

— Oui, mon frère.

— On a donc perdu la tête?

— Si vous connaissiez tout!

— Qu'y a-t-il encore?

— En peu de mots, je vais vous mettre au courant. Aussi bien ce sera l'explication des ordres dont je suis porteur pour vous.

« Vous savez comme moi que M. de Crozat, qui

avait un privilège pour le pays que vous administrez, voyant ses affaires aller au plus mal, grâce à son impéritie, l'a remis au roi l'année dernière.

« La banque de Law venait d'être établie sous l'autorité du régent. Le célèbre aventurier écossais crut que l'occasion serait favorable pour établir le système financier qu'il avait élaboré dans son imagination inventive. Pour donner à la banque un crédit qui répondît à l'étendue des entreprises qu'elle devait former, un arrêt du conseil ordonna à ceux qui avaient le maniement des deniers publics de recevoir et d'acquitter les billets de banque sans escompte ; elle put dès lors assigner sept et demi pour cent d'intérêt.

« Mon cher frère, ajouta M. de Sérigny, il faut avoir vu de ses yeux pour le croire la fièvre d'agiotage qui s'est alors emparée de toute la population de la France, en général, et de Paris, en particulier. Tout le monde donne son or, ses joyaux, pour se procurer les petits papiers de M. Law. Gare à la dégringolade !

« Mais passons. C'est quelques mois après que s'est formée une nouvelle société de commerce sous le nom « d'Occident ou du Mississipi », dont l'objet est la culture des colonies françaises dans l'Amérique du Nord[1].

« Comme vous le verrez dans vos instructions, la compagnie d'Occident a, en Louisiane comme ailleurs, « le privilège de recevoir, à l'exclusion de tous autres « dans la colonie du Canada, à commencer le 1er jan- « vier 1718, jusqu'à et compris le dernier décembre 1742, « tous les castors gras et secs que les habitants de « ladite colonie auront traités. »

« La Louisiane passe à la compagnie avec tous les droits analogues à ceux que l'ancienne compagnie des

____

[1] Ferland.

Cent avait autrefois sur le Canada, et pour en augmenter la valeur, un autre arrêt réunit au gouvernement de la Louisiane tout le pays des Illinois.

— C'est complet! fit M. le Bienville.

— Attendez, mon frère, c'est tout à l'heure, quand je vous aurai tout fait connaître, que ce sera complet, reprit M. de Sérigny.

« Au moment de votre départ de France, la compagnie venait d'obtenir en plus le privilège de la compagnie du Sénégal et de la traite des nègres, celui de la compagnie de la Chine, des Indes Orientales, en lui abandonnant les terres, les îles, forts, magasins, habitations, munitions et vaisseaux qui avaient appartenu à cette dernière, et c'est alors qu'elle a reçu le nouveau baptême qui lui donne le nom de « Compagnie des Indes ».

— Ainsi, dit M. de Bienville, on n'a pas craint de découvrir son origine commune avec la banque en refondant ensemble ces deux filles monstrueuses d'un même père, de ce Law, que, par une dernière ironie, on vient de nommer contrôleur général des finances?

— Non, mon frère, le scandale est consommé! »

Le silence régna pendant quelques instants au milieu des divers personnages réunis dans le salon du *Neptune.*

Enfin, M. de Bienville, passant la main sur son front comme pour en chasser une pensée importune :

« Parlons de nous, fit-il en se retournant vers son frère. Vous m'assurez que votre maladie n'a rien de grave?

— Une simple indisposition, comme je viens de vous le dire. Demain je serai certainement sur pied et capable de descendre à terre.

— Très bien, je vous attendrai.

— Seulement, reprit M. de Sérigny, je vous serais reconnaissant si vous vouliez bien amener chez vous M. du Gué de Boisbriand. Il n'est pas marin, lui, et partant plus fatigué que nous de la traversée. »

Le jeune officier s'inclina sans répondre au signe d'assentiment de M. de Bienville.

« Avant de vous quitter, mon frère, reprit celui-ci, j'ai une communication importante à vous faire, ou plutôt un projet à vous soumettre dont M. de Boisbriand, dans son gouvernement des Illinois, pourra tirer profit comme nous.

— Qu'est-ce? fit M. de Sérigny.

— Nous sommes en très bonnes relations avec les Espagnols qui nous environnent, et nous pourrions tirer d'immenses ressources dont bénéficieraient les habitants de la colonie, si nous pouvions établir avec eux des relations commerciales.

— L'idée me paraît excellente.

— Seulement, ces Espagnols sont très défiants. Ils craignent que les étrangers ne s'introduisent dans leurs établissements que pour examiner les mines. Il me faudrait donc, pour tenter des négociations, un homme distingué, brave et habile, fin diplomate, et jusqu'à présent ce négociateur m'a manqué.

— L'auriez-vous trouvé aujourd'hui, par hasard?

— Oui, mon frère, et c'est votre heureuse arrivée qui me le fournit, si du moins il veut bien accepter cette mission qui n'est pas sans danger, je l'avoue.

— Qui est-ce? »

M. de Bienville se tourna en souriant vers le second du vaisseau :

« M'avez-vous deviné, monsieur de Saint-Denis? dit-il.

— Comment! répondit celui-ci, c'est...

— Oui, c'est sur vous que je compte.

— Mais, mon commandant, vous vous exagérez mon faible mérite; je ferais un piètre ambassadeur.

— Permettez-moi de penser tout le contraire.

— M. de Sérigny consentira-t-il?

— Je me charge d'obtenir son consentement. Du reste, votre absence ne sera peut-être pas bien longue.

— Enfin, si vous croyez que je puis vous être utile.

— J'en suis certain. Acceptez-vous?

— Quand faudra-t-il se mettre en marche?

— Aussitôt que vous serez reposé des fatigues de votre traversée.

— S'il n'y a que cela qui me retient, ce ne sera pas long.

— Eh bien! aussitôt que vos préparatifs seront terminés.

— Ils sont toujours faits, mon commandant.

— Je vous donne douze hommes et vous partez dans une semaine. Est-ce convenu?

— Oui, mon commandant. Aurai-je la permission d'emmener mon ordonnance, Médard Jallot?

— Et vous, Sérigny, y voyez-vous quelque objection?

— Aucune, mon frère, et je donne mon consentement de tout cœur.

— Si vous n'avez aucune répugnance à rester seul, j'emmène dîner ces messieurs?

— Je prierai seulement M. de Saint-Denis de venir avant la soirée. »

M. de Bienville prit congé de son frère, et quelques instants après un canot le déposait sur le rivage avec ses deux compagnons.

XIII

UN SPECTACLE NATIONAL

Il y avait grande réjouissance ce jour-là au fort espagnol nommé Presidio del Norte. Tous les habitants de la place, et même des villages voisins, se dirigeaient vers une vaste enceinte, environnée de nombreux gradins, préparée pour la circonstance à quelques verges du fort.

Rien de pittoresque comme les coutumes que l'œil remarque dans cette foule dont les ancêtres viennent de la Catalogne ou de l'Andalousie. Ce n'est que ceintures aux mille couleurs, corsages brodés, vestes de velours, bas à coins élégants, guêtres bariolées, souliers à boucles d'argent, légères mantilles jetées sur la tête au travers desquelles brillent les yeux noirs[1].

Dans une loge spécialement réservée à cet effet, don Pedro de Vilescas, le commandant du fort, vient de prendre place avec sa fille doña Maria et don Gusman de Santocha, l'alcade de la ville.

La plume ne saurait rendre la richesse de cette beauté qui venait assister au spectacle le plus chéri des Espagnols.

---

[1] Voir Ferland, *Cours d'Histoire du Canada*, 2e partie, p. 407.

9

Doña Maria atteignait à peine ses dix-huit ans. Grande, admirablement faite, souple, ondoyante, l'œil superbe, habituellement demi-clos et voilé, mais dévorant quand il s'ouvrait, elle avait de lourdes nattes d'un noir bleuâtre, et montrait entre des lèvres pourprées des dents blanches comme la pulpe d'une noisette fraîche. Ses bras, ses mains, ses épaules, modelés en plein marbre, faisaient songer aux déesses. Quand elle soulevait sa paupière un peu lourde, sa prunelle lançait un jet de flammes qui se noyait aussitôt dans un fluide velouté.

Elle paraissait douée en outre d'une vive intelligence et d'une ardente sensibilité; mais, à vrai dire, on ne savait trop quels éléments fermentaient dans le chaos brûlant de cette riche nature abandonnée à elle-même comme en pleine forêt.

Par la perte de sa mère, morte très jeune, elle avait été laissée aux seuls soins de sa vieille nourrice Inès, qui l'aimait comme son enfant.

Quant à son père, quoique l'affection qu'il ressentait pour sa fille fût très vive, vieux militaire ne rêvant que campagnes et combats de taureaux, ne s'était-il étudié qu'à céder à tous ses caprices.

On comprend qu'une pareille éducation n'était pas propre à former à la vertu une jeune fille belle et ardente. Cependant, il est des natures tellement heureuses, qu'elles restent pures et bonnes, même au milieu des plus grands dangers.

Telle était doña Maria. Son cœur et son esprit étaient restés vierges de toutes souillures, ne contenant qu'une tendre affection pour son père et un vif attachement pour sa vieille nourrice Inès.

A son entrée dans la loge, tous les regards s'étaient tournés vers la jeune fille. Mais aucun des spectateurs

ne l'avait plus remarquée qu'un jeune homme placé à
quelques pas seulement de l'arène, et qui était lui-
même le point de mire de bien des jolis yeux.

Et de fait, ce jeune homme, qui portait un riche costume de cour, ayant au côté une légère rapière à la
poignée de laquelle étincelait de mille feux un riche
diamant, devait attirer les regards par la beauté de son
visage et sa haute mine.

Donc, aussi remarquable que remarqué, il ne pouvait manquer non plus d'attirer l'attention de doña
Maria de Vilescas. Du reste, on prétend que d'un œil
obstinément fixé sur une personne s'échappent des
effluves magnétiques qui invitent infailliblement le
regard de cette même personne

Nous n'avons pas la prétention de rechercher la
vérité de cette théorie. Quoi qu'il en soit, le regard de
la jeune fille, à un moment donné, rencontra celui du
jeune homme, qui, instinctivement, porta la main à son
cœur. Doña Maria rougit et baissa les yeux.

Cependant des jeunes gens, vêtus d'un simple habit
de soie, armés seulement d'une lance, montés sur de
rapides coursiers, s'élancent dans l'arène et, faisant
une courbe gracieuse, viennent saluer la tribune de
don Pedro.

Des soldats à pied, plus légers encore, les cheveux
enveloppés dans des réseaux, tenant d'une main des
voiles de pourpre, de l'autre des lances aiguës, se
placent à quelque distance des cavaliers qui ont pris
du champ.

L'alcade, s'avançant sur le bord de la tribune du
commandant, proclame la loi du spectacle, qui est de
ne secourir aucun combattant, de ne leur laisser
d'autres armes que la lance pour immoler et le voile
pour exciter la fureur de l'animal.

Au signal donné, la barrière s'ouvre et le taureau s'élance au milieu de l'arène, salué par les applaudissements et les cris des spectateurs.

A ce bruit, à ces cris, il s'arrête inquiet, troublé. Ses naseaux fument, ses regards brûlants errent tout autour de lui ; c'est alors qu'on peut constater la beauté de la terrible bête à laquelle on va offrir le combat. Il se bat les flancs de sa queue et laboure le sol de son sabot, semblant en proie autant à la surprise qu'à la fureur.

Tout à coup un banderillero, placé près d'un cavalier, en face du taureau, agite un voile de pourpre ; l'animal se précipite tête baissée sur le cavalier, qui lui fait de sa lance une large blessure d'où le sang coule, après quoi il fuit à l'autre extrémité de l'arène.

Le taureau s'irrite de plus en plus. Il court à droite sur un second cavalier qui le blesse également et va recevoir une troisième blessure plus loin. Il mugit, il écume, il bondit sans pouvoir attraper ses adversaires, il va s'épuiser en vain et succomber sous mille coups qu'il ne peut rendre, quand un cavalier, plus téméraire que les autres, s'est laissé surprendre dans un coin de l'arène et se trouve pris entre celle-ci et l'animal furieux.

C'en est fait de l'imprudent. D'un coup de ces cornes aiguës, le taureau va éventrer cavalier et cheval.

Un immense cri de terreur s'échappe de toutes ces poitrines ; la vie de tous les spectateurs est en quelque sorte suspendue. Doña Maria, les mains levées au ciel, a dirigé un regard chargé d'angoisse vers le jeune homme au costume de cour qu'elle a remarqué tout à l'heure, comme si elle espérait qu'il lui fût possible de sauver ce malheureux qui est infailliblement perdu.

Le taureau est rendu sur sa victime ; il n'a plus
qu'à prendre un dernier élan ; mais l'inconnu, après
avoir de nouveau porté la main à son cœur en s'inclinant, a sauté dans l'arène en dégainant sa courte
rapière. Il arrache en passant un voile de pourpre des
mains d'un banderillo et, au moment où le taureau va
s'élancer, il le lui a suspendu aux cornes. Vif comme
l'éclair, il n'a fait que poser son pied sur la tête de
l'animal pour sauter de plusieurs pieds derrière lui.

La foule applaudit des mains et des acclamations
saluent cet acte de bravoure et d'agilité.

Le cavalier en péril a eu le temps de disparaître ;
mais le taureau qui est parvenu à se débarrasser de
son bandeau, se précipite sur ce nouvel ennemi. Le
jeune homme l'attend de pied ferme. Aussitôt que la
bête a baissé la tête pour se précipiter à l'attaque, l'inconnu court à sa rencontre. En deux bonds il est sur
le dos de l'animal et lui plonge au défaut de l'épaule
son épée jusqu'à la garde.

Alors épuisé, frappé à mort, il tombe en lançant
des flots d'écume rougie, et c'est à peine si son vain-
queur a le temps de se dégager et de sauter légèrement
sur le sol.

Les acclamations redoublent ; tous les spectateurs
sont debout et agitent leur mouchoir. L'inconnu, ayant
retiré sa rapière du corps de l'animal, l'essuie avec un
des voiles de pourpre et la remet tranquillement au
fourreau.

Il se dispose à se soustraire à l'ovation que lui a
value son acte de courage, quand un des banderilleros
l'invite, de la part de don Pedro, à se rendre dans la
tribune.

Le jeune homme ne pouvait décliner l'invitation
sans manquer aux égards dus à cet important person-

nage. Du reste, il serait peut-être téméraire d’affirmer qu’elle n’allait pas au-devant de ses désirs secrets.

En entrant dans la tribune, son premier regard fut pour doña Maria, qui rougit de nouveau. Était-ce de timidité? Était-ce de plaisir? Grave problème que nous nous sentons incapable de résoudre.

Don Pedro vint au-devant du jeune homme la main tendue.

« Señor, lui dit-il, vous pardonnerez à un vieillard la manière un peu indiscrète peut-être avec laquelle il s’est permis de vous attirer ici. Mais vous appartenez sans doute comme moi à la noble profession des armes; or, entre militaire on n’y met pas tant de façons. Du reste, ma fille, doña Maria, brûlait...

— Mon père! fit la jeune fille interdite.

— Comment donc, il n’y a pas de mal à vouloir faire la connaissance d’un charmant garçon qui vient de se conduire si bravement.

— Eh bien! oui, señor, pourquoi m’en cacher? reprit la jeune fille en s’adressant à l’inconnu, j’ai voulu vous voir pour vous remercier d’avoir sauvé si héroïquement ce pauvre jeune homme qui allait périr d’une si terrible façon.

— Mon Dieu, señora, répondit l’inconnu en s’inclinant, je crois que vous vous exagérez ce que vous voulez bien appeler mon action héroïque.

— Vous en parlez bien à votre aise, señor, reprit don Pedro : une minute de plus, et cheval et cavalier étaient bel et bien éventrés. C’est qu’il n’y allait pas de main morte, le taureau! Quelle noble et brave bête! C’est dommage qu’elle n’ait pas tenu plus longtemps. »

Et le vieux toréador, après avoir exprimé ce regret brutal qui de nouveau fit rougir la jeune fille, se plongea dans un mutisme absolu.

« Señor, fit doña Maria en s'adressant à l'inconnu, y a-t-il longtemps que vous êtes dans ce pays? A votre accent, j'avais cru que vous n'étiez pas Espagnol. »

Et surprenant un mouvement du jeune homme :

« Oh! remarquez bien, señor, continua-t-elle, que je ne cherche pas à trahir votre incognito si vous désirez le garder.

— Non, señora, je ne tiens nullement à garder mon incognito, répondit en souriant le jeune homme. La chose me serait totalement impossible du reste, puisque je suis directement accrédité auprès de don Pedro.

— Comment cela? fit le vieillard.

— Don Pedro de Vilescas, je suis le lieutenant Daniel de Saint-Denis, servant sur le *Neptune,* vaisseau du roi de France, mon maître. Je vous suis envoyé, muni de pleins pouvoirs par M. de Bienville, gouverneur de la Louisiane, afin de négocier avec vous certaines affaires dont j'aurai l'honneur de vous entretenir aussitôt que vous jugerez à propos de m'accorder une audience.

— Pardon, señor, fit le vieillard en se levant, si je ne vous ai pas accueilli avec les égards qui vous étaient dus; mais j'ignorais votre qualité. Soyez mille fois le bienvenu dans ces solitudes et faites-moi l'honneur de rester mon hôte tout le temps que vous passerez parmi nous. Permettez-moi de vous présenter don Gusman de Santocha, l'alcade de Presidio del Norte; quant à ma fille, vous la connaissez. »

Le jeune homme salua.

« Et maintenant, reprit don Pedro, rentrons au fort. Offrez votre bras à doña Maria, señor de Saint-Denis. Vous, mon cher don Gusman, faites-moi un bout de conduite, et ce soir chez moi pour fêter notre hôte. »

XIV

PREMIER AMOUR

C'était un assez détestable personnage que don Gusman de Santocha. Très fier de sa noblesse qu'il faisait
remonter aux anciens rois d'Aragon, l'alcade nourris-
sait également de fortes prétentions au bel esprit, à
l'élégance et à la distinction. Il se croyait irrésistible,
et celui qui aurait assumé la tâche de le convaincre
qu'il n'était pas la coqueluche de toutes les belles
dames y aurait certainement perdu son éloquence et
son temps.

Don Gusman était riche, et sa qualité de premier
magistrat de l'endroit lui donnait une considération et
un prestige dont il se servait pour éblouir les badauds,
parmi lesquels figurait, — notre rôle d'historien impar-
tial nous force à l'avouer, — le trop crédule et trop
confiant don Pedro lui-même.

L'alcade du reste exploitait cet engouement et faisait
miroiter devant les yeux du commandant une gran-
desse d'Espagne, si certain projet d'alliance avec doña
Maria était couronné de succès.

Car, — est-il besoin de le dire? — don Gusman, en
présence de la riche beauté de la jeune fille, n'avait pu
rester insensible à ses charmes et s'était modestement

placé sur la liste des prétendants. Est-il nécessaire d'ajouter que le commandant se serait fait un crime de repousser ces recherches de don Gusman pour sa fille, ne trouvant pas, dans sa partialité pour lui, un parti plus noble et plus brillant.

Quant à doña Maria, en vraie Espagnole, le luxe déployé par l'alcade et ses grandes richesses avaient bien le don d'éblouir son esprit et de flatter son amour-propre; mais ces grands avantages touchaient-ils son cœur? C'est ce que nous verrons dans la suite de ce récit.

Dans tous les cas, soit coquetterie, soit tout autre sentiment, Daniel crut remarquer, dès la première semaine de son séjour chez don Pedro, que la jeune fille ne paraissait pas insensible aux attentions empressées de don Gusman.

Chose étrange à cette époque de galanterie, étant donné sa nature et son caractère sympathique, Daniel avait eu cependant une jeunesse ascétique et était ignorant de cette grande chose qu'on appelle l'amour. Car il nous est impossible de donner ce nom à trois ou quatre innocentes intrigues dont il avait été le héros, et qui n'avaient pas même laissé dans son esprit l'empreinte d'un souvenir.

Dès le premier jour, en voyant doña Maria, Daniel éprouva une commotion trop violente pour n'être pas ébranlé dans son équilibre et conserver le sang-froid nécessaire pour se rendre compte des conséquences où l'entraînerait un pareil amour. Mais quand il vit ensuite les assiduités de don Gusman et la grande faveur avec laquelle elles étaient approuvées par le commandant, il eut un réveil de raison, et s'il eût pu quitter ce séjour dangereux pour son repos, il serait certainement parti.

Malheureusement le devoir le clouait auprès de cette sirène. En effet, dès le lendemain de son arrivée au fort Presidio del Norte, il avait eu une longue conférence avec don Pedro au sujet de sa mission. Celui-ci, tout en accueillant favorablement pour sa part l'idée de nouer des relations commerciales entre les deux colonies, n'avait aucun titre pour négocier avec l'ambassadeur de M. de Bienville. Il ne pouvait donc que le renvoyer à son chef le plus immédiat, qui était le gouverneur de Caouil, en lui fournissant une escorte.

Le départ cependant ne pouvant s'effectuer au gré de Saint-Denis, force lui fut donc d'attendre le bon plaisir de don Pedro.

Le jeune homme voyait doña Maria tous les jours, et plus il étudiait de près cette belle physionomie, plus il y découvrait comme à profusion des détails, des traits, des accents qui le ravissaient.

S'abandonnant alors tout entier au charme de cette beauté exquise, dont les yeux et l'âme d'un poëte devaient être particulièrement touchés, il sentit vers doña Maria un élan irrésistible, et, sans aucune vue du lendemain, il résolut de lui plaire ou de périr.

Toutes les ressources et toutes les richesses qu'il avait dans l'esprit, toutes les grâces qu'il avait dans le cœur, il les prit pour ainsi dire à pleines mains pour les répandre aux pieds de la jeune fille.

Bien que doña Maria ne pût saisir dans son langage l'ombre d'un compliment direct, elle sentait, avec le tact d'une femme, que les yeux, l'accent, la parole entraînée de Daniel étaient un hommage continuel à son adresse ; elle comprenait qu'elle était l'inspiratrice unique de cette verve éloquente avec laquelle il lui confiait ses impressions, ses désespoirs et ses joies, touchant à tout dans sa route en homme qui suppose

à la personne qui l'écoute une intelligence ouverte à toutes les choses de la terre et du ciel.

Cette flatterie souveraine, dont elle était digne, flattait sa fierté espagnole, la charmait et la troublait. Elle craignait secrètement de lui paraître sotte et puérile.

Et cependant le jeune homme admirait la justesse de ses moindres paroles et l'exquise sensibilité de ses impressions.

C'est surtout quand elle lui raconta un soir, à la clarté des étoiles, assis tous les deux sur la véranda, sous la surveillance inquiète d'Inès, la mort de sa mère, le chagrin qu'elle eut de quitter son couvent, ses compagnes, ce pays enchanteur de l'Andalousie, pour venir s'ensevelir dans ces solitudes, afin d'aider son père à refaire leur fortune, qu'elle eut le don de l'émouvoir et d'entrer tout à fait dans son cœur.

Il l'écouta avec une sorte de recueillement attendri, achevant ses pensées d'un mot, quelquefois d'un sourire, et souvent les prévenant, comme si leurs deux existences eussent été mêlées heure par heure depuis qu'ils vivaient, et que le moindre battement de chacun de leur cœur eût été fidèlement répété dans l'autre.

Mais Daniel, à côté de ces moments d'ivresse sans mélange, rencontrait des jours douloureux. Tout à coup, au moment même où la jeune fille venait de lui montrer le plus charmant abandon, don Gusman arrivait-il ? elle tournait alors le feu de ses batteries vers ce détestable personnage, qui trouvait ces attentions toutes naturelles et comme chose lui étant légitimement due.

Alors la jalousie rongeait le cœur de Daniel. Il quittait le salon la rage dans l'âme, se creusait la cervelle pour trouver les moyens de chercher une bonne querelle à cet Espagnol, maudissait les femmes coquettes en général et doña Maria en particulier, se jurant de ne plus la revoir que pour lui dire toute l'amertume de son cœur.

Était-ce pure coquetterie cependant qui faisait agir ainsi la jeune fille ?

Sans doute elle était trop belle et trop fille d'Ève pour ne pas sacrifier à ce défaut de toutes les femmes ; en outre elle était Espagnole et de plus ambitieuse des richesses, en ce sens qu'ayant connu la misère, elle la craignait. Or, quand aux battements précipités de son cœur elle sentait tout l'empire, toute la place que Daniel prenait dans son existence, elle s'effrayait.

Quel avenir attendre d'un pauvre officier sans fortune qu'elle était exposée tous les jours à perdre et qui la laisserait dans l'indigence ? Au contraire, don Gusman, par sa position, ses relations, ses grandes richesses, était un parti certain et envié par les plus grandes familles.

Tel était le langage que lui tenait la raison. Car le cœur lui disait bien d'autres choses, et surtout que le bonheur était aux côtés du jeune officier français.

Voilà pourquoi elle avait des revirements soudains qui faisaient tant souffrir le pauvre Daniel.

XV

LE RENDEZ-VOUS

Don Gusman, quoique d'un esprit très borné et d'une suffisance extrême, ne voyait pas sans un œil jaloux la présence prolongée de Daniel de Saint-Denis sous le toit de don Pedro. Il n'est rien de caché du reste pour l'œil clairvoyant d'un amoureux.

Il constata bientôt les sentiments du jeune homme et soupçonna même le combat qui se livrait dans le cœur de doña Maria. Il prit la résolution d'éclairer ses doutes à cet égard. Le départ du jeune officier pour le gouvernement de Caouil vint lui fournir l'occasion d'acquérir une certitude complète.

Mais, au préalable, il réfléchit qu'il ne serait peut-être pas mal à propos de sonder le terrain du côté de don Pedro et de s'assurer s'il était toujours dans les sentiments de lui donner sa fille.

Daniel reçut enfin l'avis officiel qu'il pouvait se mettre en route pour Caouil, que l'escorte dont il avait besoin, et que le commandant lui avait promise pour continuer son voyage, serait à ses ordres le lendemain matin.

Afin de fêter le départ de son hôte, don Pedro avait invité à sa table ce soir-là un certain nombre de convives. Don Gusman l'ayant prévenu qu'il désirait l'entretenir d'une affaire importante avant la soirée, ce seul fait suffit pour expliquer sa présence dans le cabinet du commandant bien avant l'arrivée des invités.

« Commandant, disait l'alcade, je vous demande pardon tout d'abord d'avoir sollicité un entretien qui peut vous faire présumer un manque de confiance dans votre parole.

— Expliquez-vous, don Gusman.

— Je vais le faire en peu de mots.

— Je vous écoute.

— Don Pedro, vous rappelez-vous certain projet d'alliance, aussi honorable pour vous que pour moi, dont je vous fis part il y a quelques mois?

— Comment donc, si je m'en rappelle !

— Ces projets tiennent-ils toujours?

— Plus que jamais. Pourquoi cette question?

— Parce que j'y vois un obstacle.

— Et quel est cet obstacle?

— Que votre fille ne trouve plus l'épouseur à son gré.

— Caramba ! fit don Pedro avec colère, je voudrais bien que ma fille voulût avoir une autre volonté que la mienne.

— J'ai peur même que son cœur ne soit plus libre.

— Le cœur de doña Maria, don Gusman, est libre. Comment pourrait-il en être autrement? Son enfance et sa jeunesse se sont écoulées au fond de nos solitudes.

— Et ce jeune officier que vous avez accueilli sous votre toit? Je suis sûr qu'il aime votre fille.

— Je m'en suis douté au regard qu'il a lancé à doña Maria quand je lui ai annoncé son départ ce matin. Mais ceci ne prouve pas que le cœur de ma fille ne soit plus libre.

— S'il n'y a que quelques heures que vous avez surpris l'amour du jeune homme, celui de doña Maria ne peut-il vous avoir échappé?

— Il est vrai, répondit don Pedro en branlant la tête, que je saurais mieux dompter un cheval sauvage que déchiffrer le fond du cœur d'une jeune fille; mais, je le répète, j'ai lieu de croire que celui de doña Maria est libre de toute affection. Vous voyez donc que vous avez tort de vous alarmer. Du reste il part demain matin, ce jeune homme.

— C'est vrai. Mais dans un mois peut-être, il reviendra, il reverra doña Maria, sur laquelle il a déjà produit une forte impression. Qui sait s'il ne parviendra pas à circonvenir son cœur? Qui peut dire même s'ils n'ont pas échangé déjà des serments?

— Quelles chimères, don Gusman!

— Tout est possible avec ces enchanteurs de Français.

— Il est facile de s'en assurer.

— Comment?

— Je vais appeler doña Maria et la sommer de me dire la vérité.

— Mauvais moyen.

— Alors comment voulez-vous acquérir cette certitude?

— Si vous consentez à me donner carte blanche, je suis sûr de m'édifier sur ce point.

— Quel moyen?

— C'est mon secret.

— Faites, don Gusman, et gardez vos secrets.

— Oh! je vous promets de tout vous raconter.

— C'est dit. Maintenant allons rejoindre nos invités. »

Les convives étaient en effet tous arrivés et n'attendaient plus que le maître du logis pour se mettre à table. Celle-ci, splendidement servie, occupait le milieu de la salle, et la flamme de nombreuses bougies, que l'air frais de la nuit faisait vaciller dans leurs verrines de cristal, éclairait l'antique et massive argenterie qui étincelait partout, derniers vestiges d'une opulence disparue.

Bien que, selon l'usage, toute la prodigalité culinaire qui chargeait la table n'eût été, pour un palais délicat, qu'une parodie extravagante de tous les principes gastronomiques, elle parut à tous les convives, à l'exception de Daniel de Saint-Denis, le *nec plus ultra* du luxe et de la rareté.

Le haut de la table était occupé par don Pedro, ayant l'alcade à sa droite et à sa gauche Daniel; puis doña Maria auprès de don Gusman et le chapelain du fort; puis ensuite les officiers de la garnison et les autres invités suivant leur importance. Le chapelain dit le *Benedicite* et l'on attaqua avec entrain le menu du dîner.

La gaieté ne tarda pas à régner parmi les convives.

Seul Daniel n'y prit aucune part.

Il observait avec angoisse l'air d'aisance avec lequel doña Maria recevait les galanteries de don Gusman. Elle semblait éprouver toute la joie naïve d'une coquette de village aux compliments d'un grand seigneur alors qu'une voix l'avertit qu'ils sont mérités.

C'est qu'elle était belle ce soir-là, belle à le désespérer. Ses lèvres faisaient pâlir l'incarnat des grenades servies à profusion sur la table, ses joues éclipsaient la teinte rosée des *sandias*. Son voile de soie, jeté sur sa tête, laissait entrevoir les nattes luisantes de sa chevelure et entourait de ses plis l'ovale enchanteur

de son visage. Le voile étroit cachait ses épaules, mais
ne descendait pas jusqu'à sa taille, dont les riches
contours étaient dessinés par sa ceinture écarlate, et,
sous ses plis chatoyants, ses bras étincelants de blan-
cheur empruntaient un nouveau lustre à l'azur du
rebozo.

De nouveau la jalousie rongeait le cœur de Daniel,
et quand don Pedro en se levant donna le signal de
passer au salon, il sembla au jeune homme qu'on lui
enlevait un poids sur la poitrine. A peine avait-il tou-
ché aux mets qu'on avait servis devant lui.

Profitant de la confusion qui résulte toujours de la
sortie de table de plusieurs convives, Daniel prit un
parti désespéré et, s'approchant de doña Maria :

« Je donnerais ma vie, lui dit-il d'une voix basse et
suppliante, pour vous entretenir ne fût-ce qu'un
instant. »

La jeune fille le regarda avec surprise, quoique la
liberté des mœurs espagnoles pût excuser une pareille
prétention. Elle parut réfléchir. Daniel lui jeta un
regard désespéré, et comme tout semblait spontané
chez doña Maria, la réflexion ne fut pas longue, elle
répondit brièvement :

« A minuit, je serai derrière les grilles de ma
fenêtre. Inès m'accompagnera. »

Le jeune homme, s'inclinant, s'empressa de s'éloigner; mais le timbre exquis de la voix de la jeune
adorée avait frappé une autre oreille, celle de don Gusman, qui épiait les deux jeunes gens.

<hr>

XVI

Don Pedro habitait avec sa fille un long corps de logis flanqué de deux tourelles tronquées, sur lesquelles, en cas de siège, on pouvait monter des canons de gros calibre. Un magnifique jardin séparait ce corps de logis du mur nord des fortifications, qui n'avait à cet endroit qu'une dizaine de pieds à peu près, attendu que l'extrémité du talus se terminait par un rocher coupé à pic.

A cette extrémité du jardin se trouvait une terrasse sur laquelle était placé un canon qui présentait sa gueule menaçante dans une meurtrière.

Ces quelques détails sont nécessaires pour faire comprendre les scènes qui vont suivre.

Retiré dans sa chambre, Daniel attendait avec impatience l'heure du rendez-vous que lui avait accordé peut-être imprudemment la fille de don Pedro. De sa fenêtre, il jetait un regard distrait sur la campagne endormie. La lune brillait en éclairant comme un long ruban la route qu'il allait suivre dans quelques heures et qui serpentait dans la plaine pour se perdre au milieu de la forêt environnante. La forêt elle-même était plongée dans le plus profond silence et la brise en agitait les cimes argentées. Une seule lueur brillait à la lisière du bois, celle du feu que les troupes de l'escorte, campées en dehors du fort, avaient allumé.

L'heure était aussi propice aux méditations amoureuses qu'aux pensées graves, et les unes et les autres se présentaient en foule à l'esprit de Daniel.

Comme tous ceux qui ont vécu dans la solitude, le jeune homme avait dans le cœur un fond de poésie rêveuse qui s'alliait chez lui à l'énergie du marin accoutumé aux dangers.

Sa situation présente était donc en rapport avec cette double disposition. Son amour était menacé, la conduite de doña Maria à son égard ne le lui disait que trop; un secret pressentiment l'avertissait en outre qu'il était entouré d'ennemis.

Cependant l'heure avançait. Daniel prit son manteau dont il se couvrit, boucla son épée, la seule arme qu'il eût en sa possession, et se disposa à sortir sans bruit, livré à la plus cruelle agitation, comme un homme dont le sort va se décider dans quelques minutes.

L'œil aux aguets, le pied prudent, l'oreille aux écoutes, il traversa doucement le jardin silencieux et longea le bâtiment principal pour atteindre la tourelle de l'ouest où se trouvait la chambre de doña Maria. Une faible clarté venant mourir sur le sable du jardin s'échappait de la croisée ouverte.

Derrière de forts barreaux de fer, la jeune fille, vêtue de blanc et debout, dans une attitude pleine de grâce et de laisser-aller, se détachait de la baie lumineuse de la fenêtre comme une mystérieuse et charmante apparition, tandis que se dessinait à quelques pas la silhouette revêche de la vieille Inès.

Au milieu de cette nuit calme et embaumée, elle était plus séduisante encore, s'il était possible, que dans le salon du commandant; car c'est à travers les grilles de leur balcon que les femmes espagnoles, assure-t-on, semblent exercer le charme le plus puissant.

Un rebozo de soie voilait sa tête et ondulait en replis moelleux sur son cou et sur ses épaules, comme les plumes de la colombe, au gré de ses mouvements. La fenêtre, de plain-pied, ne cachait rien de sa taille élégante et laissait voir jusqu'au soulier mignon qui chaussait son joli pied.

Daniel appuya son front contre les grilles, comme si cette blanche apparition avait ébloui ses yeux, incapable d'articuler une parole.

Ce fut la jeune fille qui rompit le silence.

« Señor, dit-elle de cette voix mélodieuse qui charmait tant le jeune homme, vous avez désiré me parler sans témoins. J'ai consenti à vous donner ce rendez-vous, ce qui n'est pas regardé comme une mauvaise action dans nos mœurs; mais j'ai appris par Inès que, dans votre pays, une jeune fille se compromettrait en agissant ainsi. Eh bien! señor, au risque de baisser dans votre esprit, je n'ai pas voulu manquer à ma parole.

— Señora, j'ai toujours pensé et je crois encore que vous êtes la plus pure des jeunes filles, répondit Daniel.

— Merci, señor. Mais vous aviez une communication importante à me faire? Je vous écoute.

— Señora, vous rappelez-vous ce jour où je vous vis pour la première fois, parmi cette foule où vous étiez la reine par la beauté? A peine entendis-je le son de votre voix, qu'elle me sembla douée d'un charme que n'avaient pas les voix que j'avais entendues jusque-là.

— Je n'ai pas oublié la bravoure dont vous fîtes preuve en cette circonstance. Mais à quoi bon rappeler le temps qui n'est plus?

A cette extrémité du jardin se trouvait une terrasse sur laquelle
était placé un canon qui présentait sa gueule menaçante dans
une meurtrière.

— Le temps qui n'est plus! Appelez-vous ainsi celui d'où me semble dater ma vie? Mais ce temps n'est pas passé pour moi, il me paraît que c'était hier. »

Puis effeuillant mélancoliquement tous ses souvenirs comme on effeuille un bouquet donné par une infidèle, et dont cependant on regrette chaque fleur qu'on détruit, le jeune homme lui rappela ces heures de douces causeries sur la véranda presque tous les soirs depuis trois mois qu'il était auprès d'elle, ces moments d'ivresse quand la jeune fille laissait deviner les trésors de son cœur et qu'elle semblait le lui offrir; ces demi-aveux qui le transportaient au ciel pour le laisser retomber ensuite sur la terre quand, quelques instants après, par ses coquetteries à l'adresse de don Gusman, elle venait leur donner un démenti.

Si, dans ce moment-là, au lieu de baisser les yeux, Daniel les eût fixés sur doña Maria, il eût vu dans son regard, sur son front ce tressaillement dont le cœur n'est pas atteint peut-être, mais qu'excite toujours chez la femme une voix émue, chaude, passionnée qui chante un hymne à sa beauté.

Tout entier à ces doux et amers souvenirs que lui seul paraissait se rappeler, tel que l'homme qui cherche à recomposer dans le cristal troublé d'un ruisseau les gracieuses images que réflétait jadis son eau limpide, Daniel reprit d'une voix douce et plus émue:

« Hélas! je me rappelle aussi ces fleurs de lianes que je cueillais pour vous et qui me semblaient plus fraîches, plus odorantes quand elles s'étaient imprégnées du parfum de vos cheveux. Ce doux parfum n'était-il donc qu'un poison subtil qui s'infiltrait dans mon cœur pour y faire naître un amour incurable? Fou que j'étais! Ces campanules me disaient: « Enivre-toi et espère! » Moi je m'enivrais en espérant. Est-il possible, doña Maria, que vous ayez oublié?

— Non, dit la jeune fille d'une voix faible comme un murmure, peut-être pour ne pas trahir un léger tremblement que Daniel ne comprit pas, non, je n'ai pas oublié.

— Et tout cela est oublié parce qu'un galant suranné se présente qui peut offrir l'opulence et ne demande votre main que pour servir sa vanité. »

La voix de doña Maria vibra dans la nuit avec force, tandis qu'une légère expression de dédain gonflait ses narines rosées : le jeune homme venait de blesser son orgueil.

« Pour servir sa vanité? dit-elle. Et qui vous dit au contraire que ce n'est pas la mienne que je veux servir?

— Ce don Gusman fait miroiter à vos yeux pour vous séduire les plaisirs de Madrid, le séjour de ces pays fabuleux que vous désirez connaître.

— Je l'avoue, dit doña Maria, la vie de ces solitudes m'apparaît bien triste dans l'avenir. Une voix me crie que je ne suis pas née pour mourir sans avoir pris ma part des splendeurs d'un monde que je n'ai fait qu'entrevoir. Hélas! que n'avez-vous à offrir à mon père...

— Je comprends, doña Maria, je comprends que l'absence des richesses n'est pas un titre à l'amour des femmes.

— Vous êtes injuste, Daniel. C'est presque toujours au contraire vers les déshérités que leur instinct les pousse; mais les parents ne pensent pas ainsi. »

La colère de Daniel éclata à ces paroles, dont il ne comprit peut-être pas bien tout le sens.

« Vous l'aimez donc, dit-il, ce don Gusman aussi suffisant que ridicule? Ah! si ce lâche avait voulu comprendre depuis deux mois l'envie que j'ai de connaître la couleur de son sang ! »

Le jeune homme fut interrompu par la jeune fille, dont l'attention venait d'être attirée par le frémissement presque imperceptible d'un massif d'orangers.

« Chut ! s'écria-t-elle, n'avez-vous pas entendu du bruit ? »

Heureux de pouvoir rencontrer quelqu'un sur qui déverser le trop-plein de sa sourde colère, le jeune homme se retourna, l'œil enflammé, la main sur la garde de son épée. Mais le silence de la nuit n'étant troublé que par les battements de son cœur, il reprit son attitude morne et pensive. Alors, s'appuyant de nouveau à la grille :

« Qui sait, dit-il mélancoliquement, si ce n'est pas l'âme désolée d'un pauvre amant mort de désespoir de n'avoir pas été aimé !

— Santa Maria ! s'écria la jeune fille en tirant de dessous son rebozo son bras nu pour faire le signe de la croix, croyez-vous donc qu'on en meure ? »

Le jeune homme sourit tristement et répondit :

« Peut-être ! »

Puis après un court silence, il reprit :

« Écoutez, doña Maria. Vous êtes ambitieuse, vous aimez la richesse, le luxe, les plaisirs, et c'est parce que don Gusman, par sa fortune, est capable de vous donner tout cela que vous allez l'épouser. Eh bien ! si vous m'aimez, doña Maria, moi aussi je deviendrai riche, moi aussi je vous donnerai ce luxe, cette opulence que vous rêvez. Dites, le voulez-vous ?

— Mais vous êtes pauvre, Daniel, ne me l'avez-vous pas dit vous-même ?

— Relativement, doña Maria. Je possède en France un château entouré d'un domaine d'une certaine valeur. Officier sur un vaisseau de la marine royale, protégé, aimé de mes chefs, je suis en chemin de me faire un nom illustre, ce qui me vaudra la bienveillance du roi. Je vendrai mon domaine, je vendrai mon château, et nous irons habiter la France, çe pays des merveilles. Tu iras à la cour la plus brillante de l'univers, ô ma doña Maria bien-aimée! tu seras, toi aussi, une reine de France, reine de la beauté, ayant une cour de grands et beaux seigneurs qui te tresseront des couronnes. Dis si ce sort ne vaut pas celui que peut t'offrir ce rustre que je hais et que je voudrais voir là, à la pointe de mon épée, pour le clouer à la muraille!

— A ta disposition, misérable! » cria une voix forte, dont le son arracha un cri d'effroi à la jeune fille, tandis que deux formes noires, sorties du massif, se précipitaient sur Daniel l'épée haute.

Le jeune homme dégaina tout en s'adossant à la muraille pour faire face à ses deux agresseurs. Il ne rencontra cependant qu'un seul adversaire, le second se tenant prudemment à distance. Daniel reconnut don Gusman dans la personne de ce dernier; quant à l'autre, il lui était totalement inconnu.

« Avance aussi, toi, lâche assassin! lui cria-t-il. Avance, lâche, qui paie pour frapper les gens que tu n'as pas le courage de rencontrer seul face à face! »

Daniel était une fière lame. Profitant d'un dégagé en quarte de son adversaire qui se découvrit, son épée fila comme l'éclair et disparut jusqu'à la garde dans la poitrine de celui-ci, qui tomba comme une masse inerte. L'élan fut tel, que, perdant l'équilibre, le jeune homme s'affaissa lui-même auprès de sa victime. A ce moment, don Gusman de Santocha, se précipitant sur lui, le frappa de son arme; mais le coup, porté d'une main

mal affermie, ne lui fit qu'une blessure insignifiante à
l'avant-bras gauche, dont le sang jaillit cependant. Il
allait frapper de nouveau, quand doña Maria, un flam-
beau à la main, s'élança sur le théâtre de la lutte en
criant d'une voix déchirante :

« Arrêtez pour l'amour de la sainte Vierge et de tous
les saints. Ce jeune homme est l'hôte de mon père et
sa personne est sacrée sous notre toit. »

Cette intervention de doña Maria fit diversion et
donna à Daniel le temps de se relever, son épée à la
main, et de se mettre sur la défensive. Don Gusman
n'était plus à craindre.

Chose bizarre que le cœur de la femme. Le jeune
homme venait d'épuiser en vain auprès de la fille de
don Pedro plaintes, reproches, promesses : un seul
dénouement imprévu devait plaider sa cause plus élo-
quemment.

A l'aspect de Daniel qui maintenait son attitude
défensive, tandis que des gouttes de sang tombaient de
son bras blessé, son cœur s'émut d'une admiration
sympathique. Si elle n'eût écouté que sa première
impulsion, elle se serait jetée heureuse et attendrie
dans les bras de cet homme jeune, intrépide, beau et
victime d'un guet-apens où son sang avait coulé; mais
par une contradiction inexplicable de sa nature qu'elle
cacha sous une chaste réserve, ce fut vers don Gusman
qu'elle porta ses attentions :

« Êtes-vous blessé, don Gusman ? dit-elle. Non,
alors que la sainte Vierge soit bénie! »

L'agitation à laquelle était en proie la jeune fille, sa
poitrine qui bondissait sous le léger tissu dont elle
était couverte, son rebozo qu'elle avait rejeté en arrière
de sa tête et qui laissait flotter son opulente chevelure,
tout cet ensemble en un mot imprimait aux traits de

doña Maria un cachet de fière et sauvage beauté qui la rendait plus belle, plus irrésistible que jamais.

Daniel, qui était resté le front haut, l'œil étincelant, perdit peu à peu l'expression de mâle virilité qui avait animé son visage tant qu'il avait été en face du danger. Sa fierté se fondit en un découragement profond en voyant l'espèce d'indifférence voisine du mépris avec laquelle la jeune fille accueillait l'attentat dont il avait été la victime.

« Doña Maria, dit-il tout doucement, j'aurais peut-être, tant l'espérance est folle et tenace, douté de vos paroles, mais vos actions m'ont éclairé entièrement. C'est à mon ennemi que vous avez couru, et cependant c'est mon sang qui a coulé. Voyez, il coule encore.

— Ciel! » s'écria la jeune fille avec un geste d'effroi à la vue des taches de sang qui souillaient le pourpoint du jeune homme.

Et elle fit mine de s'élancer vers lui. Mais Daniel, la repoussant de la main :

« Il est trop tard, dit-il avec un sourire navré. Le mal est fait. Adieu! J'ai trop longtemps été votre hôte, trop longtemps j'ai respiré l'air empesté de cette maison maudite, trop longtemps je me suis empoisonné au souffle impur d'une fille sans cœur. Mes dernières espérances sont brisées, ma vie sera désormais sans but sur la terre. Adieu! »

Et le jeune homme, après avoir lancé cet anathème, se dirigea vers une brèche faite dans la muraille de l'enceinte.

La jeune fille se précipita sur ses pas en joignant les mains, tandis que, par suite des sentiments qui réagissaient sur elle, ses yeux se mouillaient de larmes brûlantes.

« Daniel, où allez-vous? dit-elle. Le toit de mon père vous protégera. »

Le jeune homme ne daigna pas même détourner la tête.

« Mais, reprit-elle affolée, vous êtes encore exposé; la mort vous attend peut-être plus loin. Daniel, restez, je vous en prie,... je le veux! »

Daniel, se retournant :

« Eh bien! doña Maria, dites un mot, un seul mot, dites que vous haïssez mon rival, et je reste. »

Un combat violent parut se livrer dans l'âme de la jeune fille; elle enveloppa Daniel d'un long et tendre regard de reproche, mais elle resta muette.

Pour l'homme de l'âge de Daniel, le cœur de la femme est un livre fermé. Combien peuvent se vanter de l'avoir vu complètement ouvert? Ce n'est que lorsqu'il a perdu ce magnétisme de la première jeunesse, si puissant malgré l'inexpérience, qu'il peut prétendre à soulever un coin du voile qui cache les mystères que ce cœur renferme, triste compensation que Dieu accorde à la maturité de l'âge.

Si le jeune officier eût eu cet âge-là, il serait resté; mais il n'avait que vingt-six ans, il avait passé presque toute sa vie dans l'isolement du marin, il aimait pour la première fois.

« Eh bien! adieu donc pour toujours! dit-il en voyant que la jeune fille ne répondait pas. Je ne suis plus votre hôte. »

Puis il franchit la muraille avant que doña Maria eût deviné son mouvement.

Éperdue, étourdie de ce dénouement, elle se précipita dans l'embrasure de la meurtrière en s'écriant :

« Daniel! Daniel! nous ferez-vous l'injure de nous quitter ainsi en appelant la malédiction sur le toit qui vous a abrité? »

Mais sa voix se perdit dans la nuit calme dont l'écho ne redit pas même le son. Elle n'entendit qu'un froissement de branches brisées et le pas sonore du jeune homme qui résonnait dans le lointain.

Alors, le bruit cessant, elle s'agenouilla, et, les yeux au ciel, pressant sa poitrine de ses deux mains réunies :

« O mon Dieu, dit-elle, bonne Madone, protégez-le contre les dangers, veillez sur lui avec un soin jaloux et ramenez-le, car, hélas! je le sens bien maintenant, il emporte mon cœur avec lui! »

Et, s'enveloppant de son rebozo, elle pleura longtemps, si longtemps que, quand Inès, inquiète de son absence, se mit à sa recherche, elle la trouva grelottant à l'endroit où elle avait vu disparaître Daniel.

Quant à celui-ci, un peu étourdi de sa chute, il s'était relevé sans aucun mal et s'était dirigé vers le camp des hommes qui étaient chargés de le conduire à Caouil.

Au matin, quand doña Maria accourut dès l'aube sur la terrasse pour interroger l'horizon, elle ne vit rien qu'un peu de fumée à la lisière du bois, derniers vestiges de l'emplacement du camp.

« Parti, parti, ô mon Daniel, sans que je t'aie revu! » s'écria-t-elle.

Et comme s'il pouvait l'entendre, elle ajouta :

« O mon Daniel, comme je suis punie de mon ambition! Car c'est toi seul que j'aime, et si je ne suis pas à toi, je ne serai jamais à un autre. Mais je sens que si tu ne reviens pas bientôt, je mourrai! »

XVII

Le lecteur trouve peut-être que nous nous sommes éloignés un peu trop longtemps de certains personnages intéressants de cette véridique histoire : nous voulons parler de cette poignée de braves que nous avons laissés au fort Saint-Jean de Terre-Neuve, après en avoir fait la conquête.

Si les armes françaises étaient heureuses dans l'île de Terre-Neuve, il en était autrement en Acadie.

Port-Royal venait de capituler honorablement, il est vrai, devant cinquante-deux navires anglais renfermant trois mille cinq cents hommes de troupes, sous le commandement du colonel Nicholson, tandis que M. de Subercase n'avait pas cent hommes valides à leur opposer. Il affirme même dans sa lettre au ministre de Pontchartrain qu'il ne sortit du fort, avec armes et bagages, qu'à la tête de *cinquante et un* soldats.

Avant que la nouvelle de cette capitulation arrivât à Saint-Jean, de bonne heure, dans le printemps, M. de Saint-Ovide envoya Nicolas de Neuville, à la tête de ses soixante marins, pour s'emparer de Carbonière, le seul poste qui n'avait pas été pris par les Français dans l'île de Terre-Neuve.

Le 5 mai, le détachement était campé dans la baie de la Trinité.

Ce jour-là brillait un magnifique soleil qui donnait à la verdure un renouveau de vie; les oiseaux chantaient dans la ramure et le flot, venant s'échouer sur la rive, clapotait tout bas. Pas un seul zéphyr ne venait troubler la surface polie de la mer.

Nicolas de Neuville, avant de pousser plus loin, avait cru prudent de faire une reconnaissance. Dès le matin, à la tête d'une trentaine de ses hommes, il se mit donc en marche avec la résolution de ne revenir que tard dans la journée, laissant le reste de sa troupe sur le rivage de la baie, campée à l'abri d'un cap, et sous le commandement du vieux maître Gaspard Bertrand.

Vers midi, après un frugal repas, les hommes vinrent se grouper autour de leur chef, qui, comme toujours, nonchalamment étendu sur un quartier de roc couvert de mousse, fumait sa pipe avec la majesté d'un Jupiter tonnant.

Le vieux maître poussait les flocons de fumée avec une ardeur inaccoutumée, s'enveloppant dans un nuage, ce qui lui donnait un faux air de ces idoles hindoues que les brachmes, pour frapper l'esprit de leurs adeptes, pourvoyaient jadis d'un appareil à vapeur qu'ils faisaient jouer dans les circonstances solennelles.

Bertrand était plongé dans un mutisme absolu, ce qui indiquait de sa part une forte préoccupation ou une mauvaise humeur marquée.

Personne n'osait l'interroger, quand l'éternel Pompon-Filasse, pour lequel le vieux maître semblait avoir un faible reconnu, se permit de rompre ce silence inquiétant.

« Maître, dit-il timidement, vous avez l'air d'avoir la boussole à l'envers, comme qui dirait un chien qu'on aurait coupé la queue.

— Qué que ça te fait, mon garçon?

Il affirme même, dans sa lettre au ministre de Pontchartrain, qu'il ne sortit du fort, avec armes et bagages, qu'à la tête de *cinquante et un* soldats.

— Dame! maître, ça me met l'âme en pantenne, et puis les camarades s'ennuient, que Cartahut en a avalé sa chique.

— Tu parlais tout à l'heure de chien à la queue coupée, mon garçon, dont je constate que l'effet moral commence à se former. Pour lors, Pompon, sais-tu tant seulement ce que c'est que la vanité?

— Dame, maître, la vanité... la vanité... c'est comme qui dirait les femmes quand elles se pavoisent toute la ralingue de rubans et qu'elles se mettent les cheveux sur les écubiers, comme les sauvagesses des pays d'en haut.

— Tu n'y entends rien, mon garçon. Il y a des vanités plus grandes que les autres vanités, à preuve que j'ai lu dans un gros livre qu'un particulier de la mer du Sud avait coupé la queue à son chien pour faire parler de lui.

— En v'là un drôle de particulier! fit un matelot.

— Mais, maître, reprit Pompon-Filasse, il y a une chose curieuse...

— Quoi donc, mon garçon?

— C'est quand on parle des femmes vous faites toujours la grimace. Que vous les aimez donc pas les femmes, maître? Moi, je rêve qu'à ça.

— Regarde-moi ton gabarit, mon garçon; avec ta chevelure de vieux bouts d'amarre échiffée, dis-moi nonobstant si le bon Dieu t'a gréé d'un physique pour naviguer dans les bonnes eaux des femmes?

— Mais, maître, je connais ça, les femmes.

— Pompon-Filasse, mon garçon, reprit le vieux maître en se soulevant, il y a femme et femme, comme il y a matelot et matelot, il y a des femmes de toutes sortes. Il y en a dont l'embonpoint attire les regards,

il y en a qui sont faites comme des sabres d'abordage;
il y en a qui sont brunes comme les négresses de la
mer du Sud, d'autres qui sont blondes. Il y en a
qui ont de la pudeur et d'autres qui n'en ont pas...

— Comment ça, maître, fit Pompon-Filasse, qui
écarquillait de grands yeux en face d'une aussi claire
démonstration.

— Comment ça? Je me comprends, mon garçon.
C'est-à-dire qu'il y a des femmes qui sont mieux défen-
dues par leur simple innocence que par trois gros
navires de cent canons.

— Mais, maître, vous n'aimez donc pas les
femmes? »

Au lieu de répondre, Bertrand s'assit complètement,
retroussa la manche de sa vareuse et, découvrant
un bras musculeux dont les nerfs faisaient saillie
comme de gros cordages, il le porta sous le nez de
Pompon.

« Reluque-moi ça! dit-il.

— Quoi, maître?

— Ne reluques-tu rien, espèce de cachalot? »

Et Bertrand désignait un tatouage qui avait la prétention de vouloir représenter deux cœurs superposés
qu'entourait une bande noire qui figurait probablement un nom écrit.

« Qu'est-ce que c'est que ça?

— Ça?

— Oui, maître, ça?

— C'est le nom respectable d'une certaine payse à
laquelle j'ai juré il y a trente ans fidélité et qui m'aimait d'une furieuse manière, qu'elle m'en a donné des
preuves.

— Quelles preuves, maître?

— S'il t'arrive, mon garçon, de naviguer dans les

eaux d'une femme et qu'elle soit bonne et douce pour toi, ouvre l'œil, c'est qu'elle t'aime pas, et je serais moi-même une pauvre espèce d'individu auprès de ma payse, si elle ne m'avait pas étrillé plus d'une fois avec des circonstances dont le détail te ferait frémir. Je ne t'en citerai qu'une. Pour lors, c'était en 1690 ; je venais de faire un voyage à la baie d'Hudson et... »

Le vieux maître en était là de son début, quand il resta tout à coup bouche béante, ses petits yeux démesurément ouverts, stupéfié d'étonnement comme si la tête de Méduse se fût présentée devant ses yeux.

Tous les matelots suivirent la direction de son regard et aperçurent, débouchant au pied du cap, un navire de guerre poussé par le courant et qui resta stationnaire aussitôt qu'il fut entré dans les eaux de la baie.

« Mille sabords ! fit le vieux maître en se redressant, au gabarit, à la mâture, vous le voyez comme moi, mes enfants, c'est un anglais qui est pris dans une accalmie. Et le lieutenant de Neuville qui n'est pas là !

— Mais, maître, qu'est-ce qu'il y pourrait faire, le lieutenant ? répondirent plusieurs voix.

— Comment ! ce qu'il pourrait y faire ? Mais vous ne voyez donc pas qu'il n'a que trente canons ? que c'est tout au plus s'il y a cent cinquante hommes à bord ?

— Oui, maître. Après ?

— Qui peut nous empêcher de le prendre ?

— Avec quoi ?

— Mais n'avons-nous pas nos armes ? Ne pouvons-nous aborder le navire dans les chaloupes qui sont là attachées au rivage ?

— Elles sont bien vieilles, fit Pompon.

— Quoi que ça fait si elles peuvent nous porter jusque-là? Qu'elles coulent ensuite, je m'en bats l'œil.

— Oui, mais le lieutenant n'est pas là et il n'arrivera pas avant la nuit. »

Bertrand réfléchit pendant quelques minutes, puis relevant la tête :

« Mes vieux de la cale, dit-il, avez-vous confiance dans le vieux maître Bertrand?

— Oui, oui, maître! crièrent-ils tous.

— Eh bien! pour lors voici ce que je propose, et lâche sera celui qui ne voudra pas naviguer dans mes eaux.

— Oui, oui, maître!

— Pour lors, la brise de terre peut s'élever d'un moment à l'autre, à la marée baissante, et alors, bonsoir la compagnie : le navire s'éloignera, et ni vu ni connu. Donc nous n'attendons pas l'arrivée du lieutenant et des camarades. Vingt-cinq bons lurons comme nous autres, bien armés et qui n'ont pas peur d'avaler leur gaffe, valent bien cent cinquante de ces Anglais, qui n'ont pas plus de vertu que des terriens[1]. Nous nous embarquons dans deux chaloupes et nous laissons la troisième pour le lieutenant et ses hommes, s'ils arrivent avant que la danse soit finie.

« En voyant ces deux chaloupes, ils nous prendront à bord du navire pour des pêcheurs, et ça leur fera un effet moral d'autant plus drôle quand ils s'apercevront à quelle espèce de durs à cuire ils ont affaire. Nous montons à l'abordage et nous prenons le vaisseau. C'est pas plus malin que ça. Qu'en dites-vous, mes enfants?

— C'est tout juste ça, maître Bertrand; nous sommes prêts.

---

[1] *Pas plus de vertu* pour *pas plus de force*, locution encore en usage dans nos campagnes.

— Pour lors, embarque! embarque! matelots! En avant la danse! Bitte et bosse en grand! »

La tentative d'un pareil coup d'audace surpasse aujourd'hui l'imagination. On ne se fait pas à l'idée que vingt-cinq hommes, montés dans deux mauvaises chaloupes, n'ayant pour armes que leurs fusils et leurs haches d'abordage, aient la pensée de s'attaquer à un navire de guerre de trente canons et de cent trente hommes d'équipage, et cela en plein jour, à la clarté d'un beau soleil de mai.

Mais un combat dans de telles proportions semblait naturel à ces hommes sans peur, d'une bravoure poussée jusqu'à la témérité, accoutumés à se battre contre un ennemi toujours supérieur en nombre et toujours mieux armé.

Nous comprenons que le lecteur serait excusable de taxer d'invraisemblance les faits que nous allons raconter, si nous n'avions pas à présenter les preuves les plus authentiques de l'histoire[1].

Cet homérique exploit n'est pas le seul, du reste, que nous trouvions dans nos annales; nous rappellerons pour mémoire un vaisseau anglais enlevé dans la baie d'Hudson par d'Iberville avec sept compagnons montés sur deux canots d'écorce, épisode que nous avons fait connaître dans un précédent ouvrage[2].

La plus grande activité régna bientôt sur le rivage. Tandis que quelques matelots examinaient l'état des chaloupes, bouchant là une voie d'eau, rentrant ici l'étoupe, remplaçant les tolets absents, d'autres s'occupaient à confectionner à la hâte les rames nécessaires, d'autres encore à fourbir les armes.

---

[1] Voir Ferland, *Cours d'Histoire du Canada*, 2e vol., p. 376.
[2] *Les Exploits d'Iberville.*

Les munitions furent distribuées à parts égales. Puis on vint avertir Bertrand que tout était paré dans le grand genre. Alors celui-ci, s'élançant sur un quartier de rocher comme le commandant d'un navire sur son banc de quart :

« Attention, vous autres, dit-il. Il s'agit maintenant de distribuer la besogne. La moitié passe à bâbord, l'autre moitié à tribord. »

Le commandement s'exécuta avec l'ensemble et la célérité de soldats accoutumés à la discipline.

« Pour lors, reprit le vieux maître, les bâbordais vont s'embarquer avec moi dans la première chaloupe et les tribordais dans la seconde chaloupe. Je commande la première; toi, Caraquette, tu prendras charge de la seconde. Voici maintenant la consigne : Pompon-Filasse, mon garçon, va m'attacher avec un tour mort une amarre au pied du mât de la première chaloupe. Bon. Cinq hommes de la seconde chaloupe vont nous remorquer le long du rocher jusqu'au bout du cap, et en avant sur l'anglais. Et maintenant à genoux, mes enfants, prenons le mot d'ordre d'embarquement du grand Gabier et de la bonne Dame. »

Il était beau le spectacle de ces hommes à genoux demandant la victoire à l'Étoile des Mers. Ils allaient probablement y passer tous, ou à peu près; qu'importe, il se présentait une chance entre mille de servir la patrie, et ces hommes n'hésitaient pas à faire le sacrifice de leur existence.

« Embarque, maintenant, matelots! » commanda Bertrand.

Avec le plus grand ordre, chacun prit le poste qui lui avait été assigné. L'avant de la deuxième chaloupe fut solidement attaché à l'arrière de celle que commandait Bertrand; cinq matelots s'attelèrent à l'amarre,

les rames furent bordées et les deux embarcations
s'avancèrent lentement, mais sûrement, vers l'extrémité
du cap, qu'elles atteignirent en moins d'une heure.

On arrêta un moment pour reprendre haleine et
faire les derniers préparatifs, puis on se remit en
marche à force de rames.

Le vaisseau anglais était toujours au même endroit,
immobile, ses voiles pendant le long des mâts, silencieux comme un navire enchanté. Personne ne semblait s'inquiéter à bord de la marche de ces deux chaloupes et se douter qu'on allait être attaqué. Comment
supposer en effet qu'une poignée d'hommes sur deux
mauvaises embarcations viendraient offrir le combat à
un aussi puissant adversaire.

Les chaloupes avançaient cependant. A peine deux
encâblures les séparaient du navire. Tout à coup la
bouche d'un canon parut dans l'ouverture d'un sabord,
l'éclair jaillit et un boulet, passant à deux brasses de la
première chaloupe, vint se perdre dans la mer un peu
plus loin.

« V'là le signal de la danse, mes enfants, fit le vieux
maître, les violons s'accordent. Quel effet moral res-
sens-tu, Pompon-Filasse, mon garçon? »

Puis se redressant de toute la hauteur de sa taille :

« J'aborde à tribord; toi, Caraquette, fais porter à
bâbord. Courage, mes enfants, le navire est à nous.
Vive la France!

— Vive la France! » répétèrent tous les matelots.

On commençait à s'inquiéter cependant à bord du
vaisseau anglais. Ces deux chaloupes qu'on avait cru
d'abord montées par des pêcheurs en détresse com-
mençaient à montrer des allures si douteuses, que
l'officier de quart descendit auprès du commandant.
Quand il fit part de ses inquiétudes, il fut salué par le

fou rire de tous ses collègues, auquel le commandant ne put lui-même se soustraire, en dépit de sa dignité toute britannique.

« Mon cher Oswald, dit-il au jeune officier, quand ces deux bachots seront à portée, vous leur enverrez un ou deux boulets à couler bas pour leur apprendre à vivre.

— Dois-je appeler sous les armes la bordée de quart?

— A quoi bon?

— C'est tout, mon commandant?

— Oui, lieutenant. »

L'officier se retira en saluant.

Quand il revint sur le pont, les deux chaloupes n'étaient plus qu'à une portée de fusil du navire. Une seconde détonation se fit entendre et un second boulet passa à deux pieds de la première chaloupe en brisant une rame dans les mains d'un matelot.

« Ce n'est rien, mes enfants, cria Bertrand. Hardi sur vos rames! Attention à l'abordage! »

Quelques instants après, la chaloupe, trop chargée et vermoulue, frappait l'avant du vaisseau et s'entr'ouvrait. Mais déjà les matelots, comme des sangsues, étaient collés aux flancs du navire, et s'aidant des cordages, des manœuvres, de tout ce qui leur tombait sous la main, se hissaient en deux bonds sur le pont. Bertrand, le premier rendu, fendit d'un coup de hache la tête d'un matelot et la lutte s'engagea corps à corps. Le bruit attira bientôt les officiers à leur poste et une partie de l'équipage; mais Pompon-Filasse, aidé d'un autre matelot et de Bertrand, ayant réussi à fermer les écoutilles, ceux qui restaient dans l'entrepont ne pouvaient prendre part au combat.

Ce fut vraiment une lutte digne d'un chant d'Homère, un combat de Titans entre une poignée de braves et un ennemi, quoique affaibli, encore triple en nombre. Les gueules des mousquets crachaient la mort, et le commandant du vaisseau, un des premiers, tombait frappé en pleine poitrine; les haches d'abordage crevaient les poitrines, fendaient les crânes, abattaient les membres.

Bientôt le sang ruisselle sur le pont, les pieds glissent dans les flaques rouges. Chaque blessure est mortelle. Le pont s'accumule de blessés trop faibles pour se relever, de mourants que les combattants foulent sans pitié.

Mais si les marins français font de larges trouées dans les rangs de leurs adversaires, la mort n'est pas moins terrible parmi eux, plus terrible même en raison de leur petit nombre. Ces braves vont sans doute périr jusqu'au dernier et le combat finir faute de combattants, quand survient un secours inattendu qui va changer la face de la lutte.

Comme une avalanche qui descend de la montagne et engloutit tout sur son passage, voilà que de la dunette Nicolas de Neuville, à la tête de ses hommes, tombe sur le derrière des Anglais, qui sont parvenus à repousser au pied du grand mât Bertrand et les quelques matelots qui restent debout. Ce secours décide la victoire. Étourdis par cet ennemi nouveau, les Anglais hésitent d'abord, se comptent de l'œil et se rendent ensuite.

Seul un jeune officier résiste et combat avec une bravoure digne d'un meilleur sort.

« Rendez-vous! » lui crie Bertrand en se lançant à sa rencontre.

Pour toute réponse, le jeune officier tire un pistolet de sa ceinture et ajuste son adversaire. D'un coup de hache, Nicolas, qui a vu le danger que court le vieux maître, lui fend la tête; mais trop tard : Bertrand est frappé en pleine poitrine par la balle et tombe comme le chêne sous la cognée du bûcheron.

Cette victime est la dernière. Les Anglais sont désarmés, tandis que l'on transporte sur la dunette le vieux maître mortellement blessé.

L'exaspération est telle parmi les matelots canadiens qui chérissaient tous Bertrand, que, sans l'ascendant de Nicolas de Neuville sur ses hommes, ceux-ci, pour venger leur camarade, auraient certainement massacré les vaincus jusqu'au dernier.

Des cinquante hommes que commandait Nicolas, il en restait à peine une vingtaine; mais sur le pont gisaient les cadavres de cent Anglais, et les autres étaient prisonniers. Car, en apprenant le sort de leurs compagnons, ceux qui n'avaient pu prendre part au combat se rendirent également après une faible résistance.

Gaspard Bertrand mourut le même soir.

Quelques minutes avant de rendre le dernier soupir, Pompon-Filasse pleurait auprès de sa couche et une larme mouillait également l'œil honnête et franc du vieux maître.

« Pour lors, mon garçon, disait-il, qu'il faut toujours bien finir par avaler sa gaffe et que je ne regrette que deux choses : *primo* d'abord, qu'il n'y ait pas là un aumônier pour me nettoyer la soute aux saletés; mais Bertrand n'a jamais fait de mal ni à une femme, ni à un enfant, ni même à un chien, et il espère que le Maître des gabiers ne lui fermera pas la porte de sa cambuse. *Secundo,* c'est rapport à toi, mon garçon, que te voilà pour ainsi dire réorphelin de père et de mère, puisque je t'aimais comme mon fils en personne naturelle. Nonobstant, je te laisse à Caraquette, qui, par la douceur de son caractère, peut te servir de mère... Une dernière recommandation, mon garçon, cultive toujours l'effet moral, tu me comprends? L'effet moral, v'là la théorie du vrai matelot... »

Ce furent ses dernières paroles. Il entra dans une agonie douce et s'éteignit dans la soirée. Le lendemain il reçut la sépulture du marin avec les honneurs d'un officier.

Dans la nuit, deux corsaires anglais étaient en vue. Nicolas de Neuville se trouvant trop faible pour accepter le combat, mit à la voile et, poussé par un bon vent, au lever du soleil il était au large hors de portée.

XVIII

L'EXPÉDITION DE WALKER

Il y avait grande anxiété ce soir-là dans les salons du gouverneur général de la Nouvelle-France. Mme de Vaudreuil avait bien encore à ses côtés pourtant les jeunes beautés dont nous avons fait la connaissance au commencement de ce récit; les officiers de la garnison étaient bien là aussi, tâchant de se rendre aimables auprès des jeunes filles, d'Irène de Linctôt, notamment, dont le joli visage avait pris depuis quelque temps un cachet de tristesse qui la rendait plus charmante. Mais si l'on entendait de temps à autre un frais éclat de rire, cette gaieté jurait avec la mine inquiète et soucieuse de la plupart des hôtes du château.

Quelle était donc la cause de cette anxiété notoire? Quel souffle de tristesse ou de deuil avait passé sur ces jeunes têtes d'habitude heureuses et souriantes?

C'est ce que Ferland va vous faire connaître; car c'est à son *Cours d'Histoire du Canada* que nous allons emprunter les détails qui vont suivre.

L'Angleterre était décidée de frapper un grand coup et d'en finir une bonne fois avec les possessions françaises en Amérique en s'emparant de Québec, qui était la clef du Canada.

Pour mettre à exécution ce projet, une flotte anglaise, composée de vaisseaux de guerre et de transports, arriva à Boston au mois de juin 1711, sous le commandement de l'amiral sir Hovenden Walker. Elle portait sept régiments de vétérans qui avaient servi dans l'armée de lord Malbourough, et un bataillon de soldats de la marine, sous le commandement du brigadier-général Hill.

De leur côté, les colonies anglaises n'avaient rien négligé pour préparer ce qui était nécessaire à l'expédition projetée. Dans l'espace de cinq semaines, deux armées furent levées, équipées et prêtes à attaquer les colonies françaises.

Suivant les meilleurs historiens, six mille cinq cents hommes furent embarqués sur la flotte de Walker, et l'armée de terre qui se dirigeait sur Montréal, commandée par Nicholson, ne comptait pas moins de quatre mille six cents soldats, parmi lesquels se trouvaient les meilleures troupes de la mère patrie.

L'amiral anglais mit à la voile pour Québec le 30 juillet; mais, ayant compris que le *Humbec* et le *Devonshire*, vaisseaux de quatre-vingts canons, n'étaient pas propres à remonter le Saint-Laurent, il les renvoya en Angleterre, et hissa son pavillon à bord de l'*Edgar*, de soixante-dix canons.

Les ressources dont M. de Vaudreuil disposait étaient bien faibles pour faire face à une invasion par mer et par terre aussi formidable. La nouvelle en était parvenue à Québec dès le départ de la flotte de Boston.

« Cependant le temps s'écoulait, remarque la Mère Juchereau de Saint-Ignace, et l'on n'entendait point parler de la flotte; les vents semblaient lui être favorables, et elle n'avançait point; plusieurs personnes étaient tentées de croire que tout ce qu'on avait dit de cet armement était faux. Cependant, le 15 octobre, on vint dire à Québec que deux gros vaisseaux avaient voulu mettre à terre à quinze lieues d'ici et que les habitants avaient tiré sur les chaloupes. »

Une telle nouvelle réveilla toutes les alarmes.

M. de Vaudreuil, impatient de savoir à quoi s'en tenir, accepta l'offre de Nicolas de Neuville, qui s'engageait à aller à la découverte et qui partit immédiatement en barque avec quarante hommes sous ses ordres.

Il y avait huit jours que le jeune homme était absent, quand nous avons introduit le lecteur dans le salon du gouverneur. Ce retard était de mauvaise augure et l'on se disait tout bas que de Neuville et ses hommes avaient été sans doute victimes de quelque catastrophe. Et cette supposition était d'autant plus vraisemblable, qu'il avait pour consigne de s'assurer seulement de la vérité des nouvelles parvenues à Québec et de revenir en toute diligence.

Voilà ce qui explique la grande inquiétude qui régnait parmi les commensaux de M. de Vaudreuil et le voile de profonde tristesse que l'on remarquait sur le joli visage de Mlle de Linctôt.

La température semblait vouloir ajouter aux sombres pressentiments. Une pluie battante venait fouetter les carreaux des fenêtres et un fort vent du sud-est faisait crier sur leurs gonds rouillés les girouettes de la toiture.

Tout à coup on entendit sur la place comme une grande rumeur qui alla s'approchant du château; puis quelques instants après cette rumeur, s'accentuant, gagna l'antichambre, la porte s'ouvrit et un huissier annonça Nicolas de Neuville, qui entra, trempé de pluie, encore tout botté et suivi d'une espèce de matelot couvert d'un large caban goudronné.

Tandis qu'Irène étouffait dans son mouchoir un cri de joie et faisait mine de s'élancer vers le jeune homme, — pantomime qui ne fut remarquée que par Mme de Vaudreuil, — le gouverneur, dont un éclair de joie illumina le visage, s'avançait les mains tendues vers Nicolas.

« Dieu soit loué! dit-il. Si par malheur vous nous apportez des mauvaises nouvelles, du moins vous êtes sauf.

— Avant de vous remercier de ces bonnes paroles, monseigneur, répondit le jeune homme, permettez-moi de vous présenter mes excuses si j'ose paraître dans cet attirail; puis je vous demanderai pardon d'avoir amené ce brave homme sans y être autorisé au préalable. »

Et comme M. de Vaudreuil, surpris, après avoir examiné son compagnon, lançait un regard interrogateur à Nicolas, celui-ci reprit :

« Allégresse! monseigneur, j'ai le bonheur d'être le messager d'une nouvelle inespérée : la plus grande partie de la flotte anglaise est détruite; Dieu et les éléments se sont chargés de la besogne. »

En dépit du respect que commandait la présence du gouverneur, des applaudissements éclatèrent dans toutes les parties de la salle. Toute l'assistance se groupa autour de M. de Vaudreuil, de Nicolas de Neuville et de l'homme qui l'accompagnait.

« Vous voyez notre impatience, M. de Neuville, fit le gouverneur. Ne la mettez pas plus longtemps à l'épreuve.

— Monseigneur, répondit le jeune homme, ce que j'ai à vous rapporter pour ma part n'est pas bien intéressant. Partis il y a huit jours, nous avons eu à lutter presque tout le temps contre des vents contraires. Tous les jours je descendais à terre pour prendre des renseignements. Mais à chaque endroit je ne recueillais que ceux déjà reçus, à savoir qu'une flotte anglaise remontait le fleuve.

« Ce n'est que dans les parages de l'île aux Œufs que j'appris par des pêcheurs que plusieurs vaisseaux avaient effectivement paru, mais qu'il s'en était perdu sept ou huit des plus gros sur les rochers de l'île aux Oiseaux. Je me rendis sur les lieux, et c'est alors que je rencontrai ce brave, le seul survivant du naufrage, qui vous donnera les détails nécessaires.

— Mais cet homme est un matelot anglais? fit le gouverneur.

— As pas peur! mon commandant, dit enfin l'inconnu, qui jusque-là n'avait pu que promener des regards curieux sur tous les objets qui l'entouraient.

— Comment, mon brave, vous êtes Français? s'écria le gouverneur surpris.

— Canadien, mon commandant. Pierre Paradis, prisonnier des Anglais pour vous servir, s'il en était capable, pris sur le vaisseau du roi la *Seine,* où j'étais gabier d'artimon.

— Tu connais tous les détails de la catastrophe?

— Oui, mon commandant, que je m'en vante.

— Eh bien! raconte, mon ami, et ne ménage pas les détails. »

Pierre Paradis [1], d'abord un peu intimidé de se voir le point de mire de tout ce beau monde, reprit bientôt toute son assurance ordinaire.

Ayant fait passer sa chique de la joue droite à la joue gauche, il mit la main devant sa bouche, se

---

[1] Personnage historique.

détourna, lança dans l'antichambre un long jet de salive noirâtre, avança le pied et, se balançant sur ses hanches :

« Pour lors, mon commandant, dit-il, puisque vous m'ordonnez de vous larguer la vérité en grand, je vas vous la larguer en deux temps et deux mesures. Pour lors il y avait pas mal de temps que je mangeais avec les camarades les fayots des Anglais dans le port de Plymouth, quand, un bon matin, on m'amena devant un certain particulier qui avait pas mal de pompons à son chapeau.

« — Tu connais le Saint-Laurent? qu'il me dit dans son baragouin.

« — Je m'en vante que je le connais.

« — C'est bien. Tu vas venir avec nous, tu nous piloteras jusqu'à Québec, que nous allons prendre, et si tu faisais mine de trahir, pendu à la grande vergue.

« — Ah! mon failli chien! que je me dis à moi tout seul, tu veux prendre Québec et tu comptes sur moi pour t'y conduire? Attends un peu, je t'en promets un pilotage de ma façon. »

« Pour lors, nous v'là en route et nous arrivons à Boston, où nous bourlinguâmes pendant deux mois. Puis nous rev'là repartis le 30 juillet pour le Saint-Laurent.

« Bonne brise jusqu'au 18 août. Alors se mit à souffler un vent de *nordet* à démâter toute la flotte, et de peur que la tempête ne séparât les transports, l'amiral fit mouiller dans la baie de Gaspé[1].

« Au bout de quarante-huit heures, le vent ayant

---

[1] Le récit que nous mettons dans la bouche de Paradis, dont le nom se trouve dans Ferland, est emprunté, pour les renseignements, au *Cours d'Histoire du Canada.*

tourné à l'ouest, il eut l'espoir de faire la traversée et il fit porter sur la côte nord. Mais deux jours après, le vent étant venu à l'est, une brume couvrit le Saint-Laurent et mit la flotte dans l'impossibilité de continuer sa route sans s'exposer à quelque danger, parce qu'on n'avait point la vue des terres et qu'on ne connaissait ni les fonds ni les rochers.

« On me demanda mon avis et je conseillai à l'amiral de louvoyer au large, ce qui aurait retardé la marche de la flotte et vous aurait donné plus de temps pour vous préparer à nous recevoir.

« Oui, mais va-t'en voir : l'amiral eut des soupçons. Après avoir consulté ses pilotes, il fit le signal aux autres bâtiments de porter au sud. Il se flattait que, dans cette position, les vaisseaux ne dériveraient pas au nord et que le courant les tiendrait au milieu du fleuve.

« Eh bien ! mon commandant, v'là ce qui les perdit, et je leur aurais commandé la manœuvre que je n'aurais pas mieux fait.

« En avant, le branle-bas de malheur ! Le contraire de ce que l'amiral attendait arriva : dans l'espace de deux heures, les vaisseaux furent portés vers la côte nord au milieu des rochers, où la flotte faillit périr tout entière.

« Pour lors, il était 8 heures du soir et j'étais accoudé sur les bastingages de tribord, quand, crac ! v'là le navire qui touche, frappe sur un rocher et s'ouvre en deux. Je n'eus que le temps de saisir une épave et de me recommander à la bonne sainte Anne. Tout d'un coup, je me sens frappé sur la tête comme si j'avais reçu un maître coup de poing, et puis plus rien...

« Quand je repris connaissance, j'étais couché sur un rocher et une belle lune du pays, au-dessus de ma

tête, semblait me dire : « Bonsoir, matelot! » V'là,
mon commandant! »

Et Pierre Paradis, passant sa chique de l'autre côté
de sa bouche, lança dans l'antichambre un second jet
de salive qui alla faire le pendant du premier.

XIX

NOTRE-DAME DES VICTOIRES

Ainsi finit cette fameuse expédition de Walker qui devait être cependant, dans la pensée de ses auteurs, si féconde en heureux résultats.

D'après un mémoire anglais, qu'on ne peut taxer de partialité, huit gros navires de transport furent jetés sur l'île aux Œufs; plus de neuf cents hommes, officiers et soldats, périrent dans cette catastrophe.

L'humanité commandait d'aller au secours des malheureux qui avaient pu échapper au désastre. M. de Vaudreuil envoya sur les lieux une barque montée par quarante hommes.

On retrouva, outre les cadavres des soldats, ceux d'un grand nombre de femmes et d'enfants. « Car, dit Ferland, les Anglais étaient si sûrs de prendre le Canada, qu'ils en avaient distribué les gouvernements et les charges inférieures. »

Dans quelques paroisses, on avait même colporté une proclamation du général Hill, dans laquelle les Canadiens étaient cordialement invités à reconnaître l'autorité de la reine Anne.

« Plusieurs vieux officiers, ajoute le même auteur, avaient péri dans ce désastre; car on découvrit des commissions signées par Jacques II avant l'année 1689. Des livres catholiques et des images de la sainte Vierge, trouvés parmi les habits et les effets, firent supposer avec raison qu'il devait y avoir aussi des catholiques. »

La nouvelle de cette catastrophe s'était répandue dans les colonies anglaises avec la rapidité de la foudre. Nicholson, qui s'avançait sur Montréal, s'empressa de rebrousser après avoir brûlé ses forts.

Quant à sir Hovenden Walker, après avoir croisé pendant deux jours sur les lieux du naufrage, il assembla un conseil de guerre où il fut décidé que l'absence de pilote capable de conduire la flotte rendait impossible le projet de remonter jusqu'à Québec.

Tous les vaisseaux, à l'exception du *Leopard*, qui resta sur les lieux avec quelques brigantins, reçurent l'ordre de se rendre à la baie des Espagnols, dans l'île du cap Breton.

Tous étaient au rendez-vous général le 8 septembre.

Dans un second conseil de guerre, on renonça à l'idée d'attaquer Plaisance sous le prétexte qu'on manquait de provisions de bouche. Finalement la flotte mit à la voile le 16 septembre pour l'Angleterre et y arriva le 9 octobre.

Un nouveau malheur y attendait Walker. Quelques jours après son arrivée dans le port de Spithead, le vaisseau-amiral l'*Edgar* prit feu et sauta.

« La Providence avait certainement manifesté une protection particulière sur le Canada, conclut Ferland ; non seulement elle avait renversé les projets de deux corps ennemis, dont chacun avait des forces supérieures à celles de toute la colonie, mais elle l'avait enrichi des dépouilles d'une armée qu'elle n'avait pas eu la peine de vaincre. Aussi, dans toutes les parties du Canada,

des remerciements sincères furent adressés au Dieu
qui avait sauvé la province. »

Voici ce qu'écrivait la **Mère Juchereau de Saint-
Ignace**, une religieuse contemporaine de ce désastre :
« Il serait difficile d'exprimer l'étonnement et la joie
que cette nouvelle inspira... Nous apprîmes dans la
suite qu'au nord de l'île aux Œufs, huit des plus gros
vaisseaux s'étaient brisés avec une violence épouvan-
table sur les rochers et sur la batture. Les éclairs et le
tonnerre se mêlant au bruit des flots et des vents, et
aux cris perçants de ces naufragés, augmentaient
l'effroi. Le tonnerre tomba sur un de leurs vaisseaux et
le fit sauter. Tous ces malheureux tâchèrent de gagner
terre, et environ trois mille, après y être arrivés, sans
compter ceux qui furent submergés, se perdirent, la
nuit du 2 au 3 septembre. »

. . . .

« N'ayez pas peur, Irène, c'est moi, » dit Nicolas de
Neuville.

La jeune fille s'approcha.

« Oh ! monsieur, répondit-elle, pourquoi donc êtes-
vous venu si tard ? Savez-vous qu'il m'a fallu bien de
la diplomatie et bien de la promptitude pour m'échapper un moment ? On va partir bientôt pour la cathédrale, où je dois accompagner ma tante. Voyons, quel
est ce grand secret que vous désirez m'apprendre ? »

Cette conversation avait lieu sous une charmille,
dans le jardin du château, à peu près à l'endroit où se
trouve aujourd'hui le kiosque des musiciens, sur la
terrasse Frontenac, le lendemain de l'arrivée du jeune
homme en compagnie de Pierre-Paradis.

« Chère Irène, reprit Nicolas, vous êtes trop au-dessus de mon amour pour que j'ose vous en parler, et
pourtant, toutes les fois que je vous vois, je sens le

besoin de vous dire que je vous adore, afin que l'écho
de mes propres paroles me caresse doucement le cœur
lorsque je ne vous vois plus. Maintenant je vous
remercie de votre gronderie : elle est charmante, car
elle me prouve que vous pensiez à moi.

— Oui, monsieur; mais ce n'est pas bien de venir
ainsi sans la permission de ma tante, à son insu.
N'est-ce pas un danger?

— Un danger! pouvez-vous dire un mot si dur et si
injuste! Avez-vous jamais vu un esclave plus soumis?
Vous m'avez permis de vous adresser quelquefois la
parole, Irène, mais vous m'avez défendu de vous
suivre. N'ai-je pas obéi?

— C'est vrai, dit Irène en souriant, vous êtes un
honnête ami. Mais enfin, mon cher Nicolas, vous
saviez bien que du jour où l'esclave deviendrait exi-
geant, il lui faudrait tout perdre.

— Irène, fit le jeune homme avec une émotion profonde, je ne dirai pas que je n'aime que vous au
monde, car j'aime aussi les parents qui me restent;
mais c'est d'un amour calme et doux qui ne ressemble
en rien au sentiment que j'éprouve pour vous. Quand
je pense à vous, Irène, mon sang bout, ma poitrine se
gonfle, mon cœur déborde; mais cette force, cette
ardeur, cette puissance surhumaine, je les emploierai
à vous aimer seulement jusqu'au jour où vous me
direz de les employer à vous servir. L'avenir est devant
nous. Espérons donc toujours, c'est si bon et si doux
d'espérer! Mais en attendant, vous, Irène, vous qui me
reprochez mon égoïsme, qu'avez-vous été pour moi? En
échange de ce dévouement, de cette obéissance, de cette
retenue, que m'avez-vous donné? Bien peu de chose.

« Depuis mon retour, Irène, j'ai appris bien des
choses. Votre qualité de nièce du gouverneur excite bien

des convoitises; on dit même partout que votre tuteur a
l'intention de vous fiancer avec un personnage important de la colonie: il est impossible que cette nouvelle
ne soit pas arrivée jusqu'à vous. Et vous ne me dites
rien? Voyons, Irène, est-ce là tout ce que vous avez
dans l'âme? Quoi! je vous engage ma vie, je vous
donne mon âme, après Dieu, je vous consacre jusqu'au
plus insignifiant battement de mon cœur, et quand je
suis tout à vous, moi, quand je me dis tout bas que je
mourrai si je vous perds, vous ne vous épouvantez pas,
vous, à la seule idée d'appartenir à un autre! Oh!
Irène! Irène! si j'étais ce que vous êtes, si je me sentais aimé comme vous êtes sûre que je vous aime, déjà
cent fois je vous eus dit : « A vous, à vous seul dans ce
« monde et dans l'autre! »

Irène ne répondit pas, mais le jeune homme l'entendit soupirer et pleurer.

La réaction fut prompte chez Nicolas.

« Oh! Irène! Irène! s'écria-t-il, oubliez mes paroles,
s'il y a dans ces paroles quelque chose qui ait pu
vous blesser.

— Non, dit-elle, vous avez raison. Mais ne voyez-
vous pas que je suis une pauvre créature abandonnée
dans une maison presque étrangère? Sans doute mon
oncle et ma tante sont parfaits à mon égard, mais je
ne suis pas leur fille. Peuvent-ils ressentir pour moi
ces tendresses que connaît seul le cœur d'une mère et
qui lui font deviner les angoisses de son enfant? Dois-
je les maudire parce qu'ils ne peuvent pas comprendre
que s'ils me forcent à épouser un autre homme que
vous, Nicolas, ils consomment le malheur de ma vie?

— Mais vous n'avez donc pas parlé?

— Si, mon ami, j'ai tout dit à Mme de Vaudreuil.

— Mais alors...

— Elle a reçu ma confidence de meilleure grâce que je ne l'espérais.

— S'il en est ainsi, pourquoi désespérer?

— Hélas! elle a écouté mes paroles avec douceur, et quand la confidence a été faite :

« — Mon enfant, m'a-t-elle dit, c'était un mal et une grande imprudence de donner des espérances à ce jeune homme avant d'avoir pris conseil de ton oncle et de ta tante; mais puisqu'il n'y a plus à y revenir, tâchons de tirer le meilleur parti possible d'une mauvaise position. Tu connais les projets de M. de Vaudreuil et tu sais qu'il revient rarement sur une décision prise. Cependant je te promets mon concours; prie le ciel qu'il me donne l'éloquence nécessaire pour le convaincre. Ne te fais pas illusion pourtant, il y a de grandes difficultés à vaincre. »

— Voyons, reprit Nicolas, si je ne suis pas un parti illustre, au point de vue aristocratique, je tiens cependant au monde dans lequel vous vivez. Le temps viendra bientôt du reste où il n'y aura plus deux Frances, et où l'aristocratie du talent, de la vertu, du travail et de l'honnêteté épousera la noblesse de nom. Eh bien! moi, j'appartiens par quelques côtés à la première; j'ai un bel avenir dans la marine royale; je jouis d'une fortune très bornée, mais indépendante; la mémoire de mon père enfin est vénérée dans le pays comme celle d'un honnête homme. N'est-ce pas quelques titres qui me donnent droit de prétendre à votre main?

— Oui, mon ami, s'ils n'allaient pas à l'encontre des projets de mon oncle.

— Eh bien! Irène, assez de ces incertitudes qui me brisent et m'ôtent mon courage. Je veux en finir et, dès aujourd'hui, je demanderai votre main à M. de Vaudreuil.

— Chut, mon ami ! fit la jeune fille en saisissant le bras du jeune homme.

— Qu'y a-t-il ? » demanda de Neuville.

Irène entr'ouvrit le feuillage et indiquant de la main : « Regardez ! » dit-elle.

Le jeune homme aperçut Mme de Vaudreuil au bras du gouverneur, s'avançant dans leur direction.

« Sauvez-vous ! s'écria Irène. Si on nous surprenait à conspirer, tout serait perdu.

— Non, je reste, répondit Nicolas ; car quelque chose me dit que mon sort se décide en ce moment. L'œil ne peut pénétrer à travers ce rideau de feuillage. Du reste quel mal faisons-nous ? »

Le vieux couple arrivait en ce moment auprès des deux jeunes gens.

Ceux-ci restèrent immobiles, la main dans la main et retenant leur souffle.

« Mon ami, disait Mme de Vaudreuil, le bonheur ici-bas ne consiste point dans le nom et la richesse, dans cette dernière surtout.

— Elle ôte du moins bien des soucis, bien des inquiétudes.

— Sans doute, mais la joie d'une conscience tranquille et la satisfaction du devoir accompli sont des bonheurs sans mélange.

— Eh bien ! c'est pour remplir un devoir que je veux marier Irène à un parti opulent.

— Ne craignez-vous pas d'y forfaire plutôt si par ce mariage vous brisez son cœur ?

— Propos de femme que tout cela, chimères romanesques où vous ne voyez que l'amour. Eh bien ! l'amour s'en va et la misère reste.

— Osez-vous blasphémer ainsi ?

— Comment ! madame, que voulez-vous dire ?

« Croyez-moi, ce serait aller contre ses desseins que de briser
ce qu'il a uni. »

— Mon ami, écoutez-moi patiemment, je vous en prie.

— Parlez, madame.

— Il y aura cinquante ans le 8 du mois prochain, vivait tranquille et sage une jeune fille auprès de son père, dans un pays que vous connaissez bien. La vie de son cœur, à part l'affection qu'elle portait à son père, n'avait été jusque-là qu'une longue somnolence, quand, un jour, elle rencontra sur son chemin un homme jeune et bon comme elle.

« De ce jour même, elle comprit qu'il y avait place dans son cœur pour d'autres sentiments que l'amour de ses parents. Que vous dirais-je? Ils s'aimèrent et se le dirent, et jamais amour plus chaste n'avait existé.

« Le jeune homme devait s'éloigner, mais il sentit que tout son être se briserait s'il partait seul. Alors, avec l'assentiment de la jeune fille, il demanda sa main, et comme il était pauvre, on la lui refusa; mais...

— Assez, assez, madame, s'écria M. de Vaudreuil en essuyant deux larmes qui perlaient à sa paupière, assez, vous dis-je! Ce jeune homme devenu vieillard bénit le ciel tous les jours d'avoir placé un de ses anges de la terre à ses côtés, ange qui l'a soutenu dans les luttes de toute sa vie, qui a partagé sans murmure les malheurs que la Providence ne lui a pas ménagés. »

Et le gouverneur, attirant à lui sa femme, la pressa tendrement sur son cœur.

Irène et Nicolas, qui n'avaient pas perdu un seul mot de l'entretien, se regardèrent attendris et souriants, tandis que de grosses larmes coulaient de leurs yeux.

« Eh bien! mon ami, avait repris Mme de Vaudreuil en se dégageant doucement de l'étreinte de son mari,

laissez-vous toucher par le chagrin de ces deux beaux
jeunes gens. Ils s'aiment d'un amour pur, et c'est Dieu
qui a mis ce sentiment dans leur cœur. Croyez-moi, ce
serait aller contre ses desseins que de briser ce qu'il a
uni. »

Le vieux couple continuait sa promenade et la
réponse de M. de Vaudreuil n'arriva pas jusqu'aux
jeunes gens.

« Oh ! vous aviez raison, dit Irène, c'est aujourd'hui,
c'est tout de suite qu'il faut demander ma main. »

Et, gracieuse et légère, la jeune fille s'élança dans la
direction du château en envoyant du bout de ses jolis
doigts un baiser à son fiancé.

Nicolas de Neuville se rendit également au château
Saint-Louis et demanda une audience au gouverneur.

Quand, une heure après, le jeune homme sortit du
cabinet de M. de Vaudreuil, il avait les yeux rouges et
le gouverneur paraissait vivement ému.

Toute sa suite était réunie dans le grand salon pour
l'accompagner à l'église de la Basse-Ville, où devait se
chanter un *Te Deum* solennel pour remercier Dieu de
la délivrance du pays.

Après la cérémonie, M. de Vaudreuil présida une
assemblée des notables de la ville dans la salle du conseil, à laquelle on décida de faire construire le portail
de cette église de la Basse-Ville. Ce fut, comme on le
sait, en l'honneur de la délivrance du pays en 1711
que cette chapelle, aujourd'hui en si grande vénération
parmi nous, et le rendez-vous journalier de pieux pèle-
rinages, reçut le nom de *Notre-Dame des Victoires*,
qu'elle porte encore de nos jours.

Après avoir remercié les citoyens de leur empressement à se rendre à son invitation, M. de Vaudreuil
ajouta :

« Maintenant, messieurs, j'ai une faveur personnelle à vous demander en même temps qu'une autre invitation à vous faire. Le 8 du mois prochain, à ma prière, sera chantée dans la cathédrale de cette ville une messe solennelle pour remercier Dieu d'avoir répandu ses grâces sur deux vieux époux qui renouvelleront le cinquantième anniversaire de leur mariage, et le prier aussi de bénir deux jeunes têtes qui échangeront pour la première fois des serments au pied des autels. Mme de Vaudreuil et moi seront les premiers; les seconds seront M. Nicolas de Neuville, qui épousera ce jour-là ma nièce et pupille, Mlle Irène de Linctôt. Nous espérons, messieurs, vous voir tous assister à cette double cérémonie. »

Des bravos enthousiastes saluèrent ces paroles du gouverneur de la Nouvelle-France.

XX

L'HOSPITALITÉ ESPAGNOLE

On se rappelle que le commandant de Presidio del Norte, n'ayant pas voulu prendre sur lui d'entrer en négociation avec l'envoyé du gouverneur français de la Louisiane, sans en obtenir le consentement du gouverneur de Caouil, avait exigé que Daniel de Saint-Denis s'y rendît, et pour cette fin lui avait fourni une escorte.

Don Pedro avait un autre motif en agissant ainsi : celui d'éloigner le jeune homme de sa fille Maria pour laisser le champ plus libre à don Gusman de Santocha.

Caouil se trouvait à soixante lieues de Presidio del Norte, sur la grande route de Mexico, que Daniel parcourut en peu de jours, grâce aux chevaux qui lui avaient été fournis pour lui et les hommes de son escorte.

Aucun incident remarquable ne vint briser la monotonie du voyage.

En arrivant à Caouil, le chef de l'escorte se rendit immédiatement auprès du gouverneur de la place, auquel il remit une lettre de don Pedro et de l'alcade. Dans cette communication, Daniel était représenté comme un aventurier français dans lequel il était imprudent de reposer une confiance trop entière.

Or, à cette époque, les Espagnols du Mexique étaient d'une défiance extrême à l'égard des étrangers qui cherchaient de pénétrer dans l'intérieur de leur pays, parce qu'ils les soupçonnaient de ne vouloir s'introduire ainsi chez eux que dans le but d'examiner les mines.

Quand Daniel se présenta au gouverneur, celui-ci était déjà fixé, et après avoir examiné le passeport du jeune homme, il lui annonça qu'il l'envoyait au vice-roi du Mexique.

Mexico était à trois cents lieues de Presidio del Norte. C'était donc un voyage qui devait durer longtemps et qui pouvait présenter les plus grands dangers.

Daniel jugea alors à propos de prendre ses précautions. Il renvoya aux Natchitoches quatre des cinq Français qui l'avaient suivi, et parmi lesquels se trouvait Pénicaut, lequel a laissé un récit de son expédition, et ne retint auprès de lui que son domestique Médard Jallot.

De Saint-Denis ne put partir cependant que l'année suivante et fit le voyage sous la conduite d'un officier escorté de vingt-cinq cavaliers.

Apparemment que le jeune homme avait été fortement recommandé au vice-roi ; car celui-ci, sans examiner son passeport, sans avoir même voulu l'entendre, le fit jeter en prison à son arrivée.

La maladie de Daniel, maladie du cœur, ne fit qu'augmenter entre ces quatre murs. Car qu'est-ce que l'amour, sinon une maladie, une expansion soudaine du cœur au détriment de la tête !

Depuis plus d'un an, il avait combattu l'affection dont il souffrait, lui opposant toutes les rigidités de sa volonté, toutes les objurgations austères de la raison.

Il n'avait pu le vaincre et le subissait chaque jour, à chaque heure, à chaque moment, sous un aspect nouveau, dans ces insaisissables et fugaces retours du passé qui viennent on ne sait comment, on ne sait pourquoi, à l'occasion d'un paysage entrevu à travers les barreaux de la prison, d'une brise qui vous caresse ou d'un éclair qui vous éblouit.

Et il rêvait, appuyé sur le bord de la seule fenêtre qui éclairait sa prison.

Ses rêves!... Il n'en avait plus qu'un. C'était l'image de celle qui l'avait repoussé, image sans cesse présente à son esprit. Elle s'interposait entre son regard et le monde extérieur, lumineuse comme une splendeur d'aurore au printemps, mélancolique comme les rares crépuscules de l'hiver.

Daniel lui prêtait tout à la fois ses chimères de jeunesse pure et courageuse, ses voluptés de souffrance isolée et savourée à longs traits. Il parlait au souvenir, à l'image entrevue et envolée, le mystique langage des amours qui n'espèrent que l'impossible. Nulle apparence ne s'offrait à lui qu'il retrouvât ce qui avait été la réalité d'un instant, que sa vie se croisât encore avec la voie suivie par le lien aimé de ses rêves. Et sûr de ne plus la revoir, il n'avait pas la volonté et la force de la chasser de son cœur.

Un jour que toutes ces pensées hantaient son cerveau, Daniel fut très surpris de voir entrer son geôlier avec force révérences, force obséquiosités auxquelles on ne l'avait pas accoutumé. Sa surprise se transforma en stupéfaction quand il le vit étaler sur son grabat un magnifique costume de cour de la plus grande richesse.

« Qu'est-ce que cette mauvaise plaisanterie? dit-il avec humeur.

— Ce n'est pas une plaisanterie, Excellence, répondit le geôlier, ces habits vous sont envoyés par monseigneur le vice-roi. Il vous prie de les accepter comme une marque de sa profonde déférence et de son amitié.

— Drôle de déférence que de me faire pourrir ici depuis trois mois !

— Aussitôt que son Excellence sera habillée, reprit le geôlier sans avoir semblé entendre les paroles de Daniel, elle voudra bien m'appeler. Un officier attend pour la conduire auprès du vice-roi.

— Peste! se dit le jeune homme, il paraîtrait que la fortune a tourné. Qu'est-ce que tout cela veut dire? »

Ce que cela voulait dire, nous allons le faire connaître en deux mots.

Quoique les communications entre les colonies françaises et les possessions espagnoles ne fussent pas très faciles, cependant la nouvelle de la captivité de Daniel de Saint-Denis parvint bientôt à M. de Bienville. Outre l'affection personnelle qu'il portait au jeune homme, le gouverneur de la Louisiane avait un autre motif plus puissant de le couvrir de sa haute protection : la parenté de Daniel avec la femme de son frère d'Iberville.

Il chargea les commandants des postes les plus rapprochés des possessions espagnoles de réclamer en son nom la mise en liberté du jeune homme, menaçant d'user de représailles si on la lui refusait.

En apprenant que son prisonnier appartenait à la famille si redoutée des Le Moyne, le vice-roi du Mexique eut peur de s'attirer une mauvaise affaire qui l'aurait fort embarrassé dans le moment.

Et voilà pourquoi, aussitôt qu'un courrier lui eût fait connaître l'injonction de M. de Bienville, les procédés changèrent à l'égard de Daniel.

Le même soir, le vice-roi donna un grand banquet en son honneur auquel furent invités tous les officiers de la garnison.

A quoi auraient servi à Daniel les reproches et les récriminations au sujet de son emprisonnement? A rien autre chose qu'à augmenter la fausseté de sa position. Il accepta donc comme véritables les explications plus ou moins boiteuses du vice-roi.

Celui-ci fut plein d'égards et d'attentions pour son prisonnier devenu son hôte, et bientôt, le bon vin aidant, la plus franche gaieté régna parmi les convives.

« Señor de Saint-Denis, dit tout à coup le vice-roi, je me suis laissé dire que dans votre pays les officiers de votre mérite, s'ils n'appartiennent pas à de grandes familles, sont exposés à rester dans les grades inférieurs?

— Il est malheureusement vrai, monseigneur, répondit Daniel, que ce triste état de chose existe; mais je crois que sous ce rapport l'Espagne ne le cède pas beaucoup à la France.

— A cette différence près, señor, reprit le vice-roi, que le même préjugé ne règne pas dans nos colonies.

— Cet avantage a même engagé bon nombre de vos compatriotes à prendre du service parmi nous, señor, dit un vieil officier qui se trouvait placé en face de Daniel.

— D'où vous concluez? fit celui-ci.

— D'où je conclus que nous serions tous heureux si monseigneur vous engageait à rester parmi nous.

— Je n'ai pas manqué de faire mes offres de service au señor de Saint-Denis, répondit le vice-roi ; mais il a refusé.

— Oui, monseigneur, oui, señores, reprit Daniel en promenant un regard autour de lui, j'ai refusé parce que j'ai juré fidélité à mon roi et que je tiendrai ce serment. Je n'ai pas mission de juger l'action de mes compatriotes qui servent parmi vous, mais je comprends autrement le devoir. Jamais, dussé-je rester pauvre et ignoré toute ma vie, je ne m'exposerai à déchirer de mes propres mains le sein de ma patrie.

— Mais, señor, fit en souriant le vice-roi, vous êtes déjà à demi Espagnol[1], puisque, à votre retour au Presidio del Norte, on assure que vous devez épouser certaine belle Andalouse de ma connaissance, fille d'un certain personnage officiel que je connais également. Si vous acceptez l'offre d'une compagnie de cavalerie au service du roi d'Espagne, tous les obstacles s'aplaniront, et ce personnage sera trop heureux de vous donner sa fille en mariage. »

Le jeune homme, à ces paroles qu'il prit pour une atroce ironie, se leva et regarda bien en face le vice-roi, décidé à se venger sur-le-champ de cette injure, dût-il s'ensuivre les plus graves conséquences ; mais il vit sur le visage de son amphytrion tant de calme bonhomie, que sa colère tomba. Alors il se rassit, baissa les yeux et resta sombre et silencieux pendant quelques instants.

Les convives, croyant qu'un dernier combat se livrait dans l'âme du jeune homme avant d'accepter ces offres brillantes, respectèrent son silence. Enfin Daniel, s'adressant au vice-roi :

« Monseigneur, dit-il, je vous remercie de vos bon-

---

[1] Ces paroles sont historiques.

tés, mais je les refuse de nouveau : jamais je ne servirai un autre maître que celui à qui j'ai juré fidélité.

— N'en parlons donc plus ! » répliqua le vice-roi avec un soupir de regret.

Et il se leva de table.

Daniel demanda dès le lendemain ses passeports et une escorte pour le conduire jusqu'au Presidio del Norte ; mais, sous divers prétextes, le vice-roi le retint encore deux mois dans l'espoir de le gagner à sa cause. Il put partir enfin, chargé de présents, sans avoir obtenu cependant ce qui avait été le but de son voyage, la liberté commerciale entre la Louisiane et le Mexique.

XXI

LE RETOUR

Don Pedro de Vilescas n'était pas sur un lit de roses au moment où Daniel de Saint-Denis prenait congé du vice-roi du Mexique. Les nouvelles les plus alarmantes avaient été apportées au Presidio del Norte.

A quelque distance du fort que commandait don Pedro de Vilescas, vivaient des sauvages fort pacifiques et de mœurs pastorales que les Espagnols employaient à l'élevage des bestiaux, la source pour ces contrées d'un commerce très lucratif. Don Gusman de Santocha avait même investi dans ce genre d'affaires la presque totalité de sa fortune et possédait dans le village de Bernardo, habité par ces sauvages, une magnifique et très riche hacienda.

L'alcade, que distinguait une sordide avarice, traitait les habitants de ces villages comme des bêtes de somme. Les exactions commises par lui et ses compatriotes devinrent enfin d'un caractère tel, qu'il y eut des semblants de révolte.

Le gouverneur de Caouil en informa le vice-roi et ne lui cacha pas qu'en tout ceci, don Pedro avait fait preuve lui-même sinon de complicité, du moins de la plus coupable négligence. Or don Pedro n'ignorait pas ce rapport au vice-roi et l'on comprendra maintenant qu'il ne fut pas sans inquiétude. Car si la révolte n'était pas réprimée, il y allait de la perte de son commandement, c'est-à-dire la misère en perspective pour lui et sa fille, sa fille qu'il adorait.

Daniel connaissait bien ces tribus qu'il avait eu l'occasion de visiter plus d'une fois pendant son séjour à Presidio del Norte. La pénible existence de ces hommes qu'il avait trouvé misérables, mais bons, soumis et résignés à leur malheureux sort, avait toujours excité sa sincère commisération. Il eut même, dans plusieurs circonstances, grâce à un certain prestige qu'il avait auprès du commandant, le bonheur de pouvoir obtenir quelques soulagements à leur position. Ces enfants de la plaine lui en avaient conservé au fond de leur cœur une sincère reconnaissance et un profond attachement.

Mais après son départ, les mauvais traitements avaient repris une recrudescence telle, qu'une catastrophe était imminente et inévitable.

Don Pedro de Vilescas, sans être complice de ces exactions, était cependant coupable de laisser faire et tombait victime de sa trop grande confiance dans la justice et l'habileté de son fétiche, don Gusman de Santocha.

Comme nous venons de le dire, le gouverneur de Caouil, tout en faisant ses propres remontrances au commandant, ne lui avait pas caché non plus le rapport qu'il avait expédié au vice-roi. Or il s'agissait pour don Pedro des conséquences les plus graves, de la perte de son avenir et de celui de sa fille, qu'un mal étrange consumait, autre chagrin, nouvelle source d'inquiétudes.

Puis à ces inquiétudes se joignait l'impatience. Don Pedro rêvait toujours le mariage de sa fille avec l'alcade. S'il était cassé dans son commandement, la fortune de son gendre les mettait, lui et son enfant, à l'abri du besoin.

Mais chaque fois qu'il s'ouvrait de ses projets à doña Maria, celle-ci lui répondait par ses larmes. Il résolut d'en finir cependant, et quelques semaines avant l'époque où nous reprenons notre récit, la jeune fille avait reçu l'injonction de se préparer à épouser don Gusman dans quinze jours.

Celui-ci aurait été au comble de ses vœux, n'eût été ses inquiétudes sur le sort de son hacienda, dont il était sans nouvelles depuis plusieurs jours.

Ce soir-là, à la tombée de la nuit, doña Maria était seule sur la terrasse. La tête couverte d'une écharpe de soie, sous laquelle s'échappaient d'une abondante chevelure et tombaient négligemment sur ses épaules de longues tresses de cheveux noirs, la jeune fille portait sur ses traits charmants l'empreinte d'une profonde et secrète souffrance.

Quand elle s'assit, sous le feuillage d'un oranger, un signe visible d'inquiétude vint ajouter à la pâleur de son visage. Elle semblait craindre de toucher au moment où il allait falloir ne plus rêver du passé, pour accepter un avenir sur lequel elle n'osait porter ses regards.

Tout à coup elle fut troublée dans sa rêverie par la vieille Inès venant l'informer qu'un étranger demandait la faveur de l'entretenir quelques instants.

« Je ne reçois personne, répondit la jeune fille.

— Chère enfant, je crois que vous avez tort, répliqua Inès. Cet étranger vient de loin et il assure qu'il peut vous donner des nouvelles de quelqu'un que vous avez bien connu. »

Doña Maria tressaillit et un certain espoir, espérance vague, chimérique, traversa son cœur.

« Amène cet étranger ici, » dit-elle.

Quelques instants après, l'étranger était devant elle. Un grand feutre auquel il porta la main, mais sans l'ôter, ombrageait sa figure, sur laquelle les fatigues avaient laissé de profondes traces.

L'étranger considérait avidement la fille de don Pedro.

« Vous avez désiré me voir, mon ami? dit celle-ci.

— Oui, señora, et je vous suis bien reconnaissant de m'avoir reçu. »

Au son de cette voix, la jeune fille se leva tremblante et, s'approchant de l'inconnu, elle reprit d'une voix altérée :

« Señor, est-ce une illusion? Mais il me semble que je vous ai vu ici? Que vous étiez avec un jeune officier français...

— Que Dieu bénisse la señora de m'avoir reconnu!

— Mais alors, reprit-elle en saisissant avec force le bras de son interlocuteur, si vous êtes seul ici, c'est qu'il est mort, lui?... O mon Dieu! Santa Maria! ayez pitié de moi! »

Et, succombant sous le poids de son émotion, la jeune fille se laissa glisser sur ses genoux.

« Ah! je savais bien que mon maître se trompait! Cette douleur en est la meilleure preuve, » murmura l'étranger, dans la personne duquel nos lecteurs ont sans doute reconnu Médard Jallot, le valet de Daniel de Saint-Denis.

S'approchant de la jeune fille :

« Señora, dit Jallot, les larmes sont si amères, qu'il ne faut pas les prodiguer sur le sort des personnes qui se portent bien.

« C'est bien, reprirent les chefs sauvages ; les Espagnols
auront vécu jusque-là. »

— Que dites-vous? fit doña Maria en se redressant.

— Je dis que mon maître est vivant, mais qu'il est bien triste et bien malheureux.

— Merci, mon Dieu! reprit la jeune fille; voilà la première joie que vous ayez fait descendre dans mon cœur depuis deux années. Et maintenant, parlez, parlez, Jallot, dites-moi tout.

— La señora connaît-elle la manière dont mon maître a été traité à Mexico? Sait-elle qu'il a été jeté en prison comme un malfaiteur?

— Oui, je sais qu'il a été retenu trois mois captif, grâce à la recommandation particulière de don Gusman, le misérable.

— Eh bien! señora, mon maître a été retenu deux mois encore sous divers prétextes qui tendaient à le faire accepter le commandement d'une compagnie de cavalerie dans l'armée espagnole. Il y a six mois, nous nous mîmes en route, et Dieu sait les misères que nous avons endurées pendant un voyage de trois cents lieues. Enfin, hier soir, nous arrivions au village del Bernardo au moment même où les flammes dévoraient l'hacienda de don Gusman.

— Comment! s'écria la jeune fille, l'hacienda est détruite? Mais alors don Gusman est ruiné! »

Et doña Maria, dans son égoïsme d'amoureuse, se dit que ce désastre allait peut-être aider à son bonheur en éloignant un obstacle.

« Oui, señora, reprit Médard Jallot, l'alcade est ruiné; il tombe victime de ses exactions envers les sauvages, qui se sont eux-mêmes fait justice.

— Mais le village est donc en pleine révolte?

— Il l'était quand nous sommes arrivés.

— Expliquez-vous.

— Señora, vous vous rappelez les excursions que

vous fîtes plus d'une fois à ce village avec votre père et mon maître. Vous savez combien celui-ci se montrait bon et compatissant pour ces malheureux qui, dans leur langage imagé, l'avaient surnommé « le Lys de la vallée ». Quand il arriva hier soir sur les lieux, les sauvages, après avoir incendié l'hacienda, tenaient conseil et avisaient au moyen de s'emparer du fort et de massacrer la garnison. *Petit Oranger,* le jeune chef, si remarquable par sa bravoure et son intelligence, promettait de s'introduire dans le fort la nuit prochaine pour assassiner votre père, privant ainsi la garnison de son chef.

— Ah! mon Dieu! c'est horrible! s'écria la jeune fille.

— Mon maître, reprit Médard Jallot, avait entendu l'affreuse proposition. Alors, au risque de sa vie, il entre dans le cercle, il se fait reconnaître de ses anciens amis, qui l'accueillent avec la plus grande joie, et leur reproche leur conduite. Il leur rappelle ses bienfaits et s'offre de leur obtenir justice, s'ils veulent lui confier leurs intérêts. Ce ne fut pas sans difficultés, mais enfin il réussit à les ramener dans le devoir.

« — Mon frère pâle a toujours été bon pour le sauvage, lui dirent les vieux de la nation ; nous lui accordons ce qu'il demande. Dans combien de temps nous donnera-t-il une réponse ?

« — Dès demain, fit mon maître.

« — C'est bien, reprirent les chefs sauvages ; les Espagnols auront vécu jusque-là s'ils ne nous rendent pas justice. »

« Mon maître est entré tout à l'heure dans le fort et s'est logé dans une hôtellerie. Demain il rencontrera don Pedro et l'alcade à l'hôtel du gouvernement.

— Mais pourquoi pas ici ? » fit doña Maria surprise.

Médard Jallot hésita à répondre; mais, considérant sans doute qu'il valait mieux dire toute la vérité :

« Parce qu'il ne veut pas revoir la señora avant son départ pour la Louisiane.

— Et ce départ aura lieu?

— Immédiatement après l'entrevue.

— Mon Dieu! s'écria la jeune fille en joignant les mains, comment faire? »

L'aventurier sourit sous son large sombrero et, indiquant du doigt l'endroit de la terrasse où doña Maria avait aperçu Daniel pour la dernière fois :

« On prétend, dit-il, que la force du souvenir ramène toujours aux endroits où l'on a aimé et où l'on a souffert. »

La jeune fille baissa la tête et réfléchit. Quand elle la releva, Médard Jallot avait disparu; mais don Pedro était devant elle, don Pedro attiré par les nouvelles dont il venait faire part à sa fille.

XXII

LA FORCE DU SOUVENIR

Il était près de minuit. Une brise fraîche tempérait les chaudes exhalaisons de la terre. La lune resplendissante éclairait la campagne au moment où Daniel, chassé par une douloureuse insomnie, sortait de l'hôtellerie. Il se mit en marche à pas lents et instinctivement se dirigea vers les lieux où, comme le disait tout à l'heure Médard à la jeune fille, il avait souffert. Un désir irraisonné et en quelque sorte tyrannique l'y portait. Lui, l'homme à la volonté de fer, se courbait sous l'injonction de la folie.

La rêverie le grisait. Tantôt immobile, les yeux perdus dans le vague, il se complaisait à regarder s'épaissir la trame des ombres qui le caressaient. Tout s'effaçait maintenant autour de lui, et c'est à peine si un ruban de clair obscur s'enroulait encore aux troncs noueux des arbres. Les ténèbres glissaient sur ses prunelles comme les décors de gaze des féeries. Il en sentait le plissement sur ses paupières et prenait une jouissance étrange à cette émersion de son être dans l'obscurité.

N'en serait-il point ainsi de son existence entière, de sa personnalité? Sans but désormais, les années allaient venir, elles passeraient sur lui avec leur lente puissance d'oblitération, éteignant ses sens, soufflant progressivement sur son intelligence, retardant par degrés ses aspirations pour le mieux fondre dans l'immense pêle-mêle humain.

Hélas! savait-il seulement pourquoi il l'avait aimée, cette Espagnole qui le repoussait? Pourquoi l'aimait-il encore? Le simple bon sens n'aurait-il pas dû lui suffire, en lui montrant l'impossible, à éteindre cette passion alimentée de désespoir? Il avait passé des jours, des semaines, des mois à se tenir des discours pratiques, à se faire à la vision de ce grand deuil qu'il subissait; néanmoins, il avait fléchi sous le coup, il était demeuré écrasé et impuissant. Il ne s'expliquait pas sa douleur. Peut-être naissait-elle de ce qu'on lui avait préféré un être vil et ridicule? Oui, sans doute, c'était là la vraie cause du mal. Il aurait moins souffert s'il avait appris que doña Maria allait épouser un rival digne de lui.

Et le jeune homme avançait vers la terrasse, en se remémorant les moindres détails de ses entrevues, de ses éphémères satisfactions aux heures où il lui avait paru que doña Maria le considérait avec plus de bienveillance.

Il se rappelait ses attitudes, ses poses de tête, les jeux de sa physionomie, jusqu'aux particularités de sa toilette, la couleur de ses rubans. Ses oreilles étaient remplies de ses causeries familières, des gammes de son rire, de la mélodie de sa voix, comme ses yeux avaient gardé l'impression de ce regard mobile, de ce sourire capricieux, de ces petites mains cueillant des fleurs ou courant sur les cordes de la mandoline.

Il n'était pas jusqu'à ses séjours préférés qu'il n'eût classés. Que de fois, sur cette même terrasse, il avait vu

la charmante fille s'ébattre sur la pelouse, entre les
parterres! Et alors que n'eût-il pas donné pour pouvoir ramasser sous ses pas quelque corolle tombée de
ses mains ou caressée de son souffle!

Là s'arrêtaient les souvenirs de jeunesse et d'espoir.
Elle avait été noire, cette nuit de désespoir où Daniel
s'était précipité dans le vide du haut de cette muraille,
près de ce canon, si noire, qu'il l'avait prise pour la
nuit du tombeau. Les larmes qu'il avait versées depuis
avaient laissé ses yeux secs et mornes au point de trouver la vie sans lumière et l'avenir sans printemps.
Puisqu'il était enseveli, il ne voulait pas secouer les
plis du suaire. Il était mieux au fond de ce passé que
dans les indifférences de l'avenir.

Tout à coup Daniel s'arrêta en tressaillant comme le
voyageur égaré qui croit voir un fantôme se dresser
devant lui. Une forme svelte et blanche, semblable à
une de ces fées des vieilles légendes du Nord qui, pour
les Scandinaves, flottaient au-dessus des brouillards,
venait d'apparaître à ses regards.

Un instant cette gracieuse apparition parut se fondre
dans la nuit; mais ce n'était que l'erreur de ses yeux
qui, malgré lui, se couvrirent d'un voile : la blanche
apparition était toujours à la même place. Quand, ses
forces revenues, il put avancer, la vision ne s'évanouit
pas.

Alors le cœur du jeune homme se serra et une idée
terrible traversa son esprit. Il pensa qu'il n'avait plus
devant lui que l'ombre de doña Maria descendue sur
la terre pour lui demander pardon de l'avoir fait souffrir, et il eût mieux aimé la voir là, vivante, mais impi-
toyable et dédaigneuse, que lui apparaître comme une
ombre gracieuse et bienveillante.

Une voix, dont le timbre délicieux vibra à son

oreille comme une note des concerts séraphiques, vint dissiper ces douloureux songes.

« C'est vous, Daniel? Je vous attendais! dit cette voix.

— Doña Maria! s'écria le jeune homme. N'est-ce pas plutôt votre ombre trompeuse?

— C'est bien moi, répondit l'apparition.

— O mon Dieu! murmura le jeune homme, l'épreuve sera terrible. »

Il fit un pas et s'arrêta de nouveau :

« Par quel miracle du ciel vous ai-je retrouvée ici? s'écria-t-il de nouveau.

— Questionnez Inès, répondit doña Maria, et elle vous dira que, depuis votre départ, j'y viens tous les soirs. »

Cette fois Daniel se prit à trembler d'espoir et d'amour.

Quant à la jeune fille, elle avait tant pleuré, tant souffert depuis deux ans, que l'amour fut plus fort que la pudeur virginale.

« Approchez, Daniel, dit-elle; tenez, voici ma main. »

Le jeune homme se précipita sur cette petite main qu'il pressa dans les siennes.

Doña Maria arrêta sur lui un regard de tendresse inquiète :

« Laissez-moi voir, reprit-elle, si vous avez bien changé, Daniel... Oh! oui, la douleur a creusé son sillon sur votre front, mais elle l'a ennobli. Vous êtes aussi brave que beau, Daniel; car je sais les dangers que vous avez courus.

— Comment! Vous savez?

— Médard Jallot est venu ce soir et il m'a tout dit, même jusqu'à votre présence probable ici. Alors je suis venue à vous, puisque vous ne vouliez pas revenir à moi. Comprenez-vous maintenant?

— Médard Jallot est un indiscret.

— Lui en ferez-vous un crime?

— Non, puisque je te retrouve, ô mon adorée!... Mais voulez-vous répondre à une question?... Non, elle est si osée.

— Osez toujours, mon Daniel.

— Mais par quel miracle ce changement?

— J'ai trop souffert d'un malentendu, dit-elle, pour qu'il y en ait encore entre nous. C'est donc les mains dans vos mains, mes yeux sur vos yeux que je vous répéterai ce que je disais ici au moment où vous me fuyiez : « O mon Dieu! protégez-le contre les dangers! « Veillez sur lui avec soin et ramenez-le, car, hélas! je « le sens bien maintenant, il emporte mon cœur avec « lui! »

— Chère âme! » dit Daniel.

Puis après quelques minutes de silence :

« Mais don Gusman? Et le consentement de don Pedro?

— Don Pedro consent de grand cœur. Quant à don Gusman de Santocha, il est à tous les diables! » fit derrière les deux jeunes gens la grosse voix du commandant.

La jeune fille poussa un petit cri de colombe effarouchée et se serra contre Daniel.

Comme le dit Ferland dans son plus beau style, et ce qui finit comme dans un conte bleu : « Les noces furent célébrées avec toute la munificence espagnole. »

Ce ne fut que trois ans après que Daniel de Saint-Denis rentra à la Louisiane, où, après avoir rendu compte de sa mission à La Motte-Cadillac, il s'em-

barqua avec sa jeune femme pour Québec. C'est avec
joie qu'il y retrouva son ami, Nicolas de Neuville,
coulant le vrai bonheur, dans l'intervalle de ses
campagnes, auprès d'Irène de Linctôt, sa digne
épouse.

ÉPILOGUE

Si, maintenant, le lecteur désirait connaître ce qui
advint des divers personnages de ce récit, nous l'invi-
tons cordialement à lire sans trop de répugnance les
faits qui vont suivre et que nous empruntons pour la
plupart aux ouvrages déjà cités.

Nous allons nous transporter aux premiers jours du
mois de juillet de l'année 1755.

M. de Vaudreuil était mort en 1725, peu de temps
après le retour de Daniel de Saint-Denis. Depuis cette
époque, le pays avait été successivement gouverné par
les marquis de Beauharnois, de La Jonquière et
Duquesne, et finalement par le marquis de Vaudreuil-
Cavagnal, le seul gouverneur canadien sous la domina-
tion française, et le dernier[1].

Cette période de trente années est féconde en faits
remarquables. Nous signalerons notamment l'expédition heureuse de M. de Ligneris contre les Outagamis
et la mort de Mgr de Saint-Valier en 1727; la décou-

---

[1] L'auteur a donné les faits remarquables de son règne dans le *Château de Beaumanoir*, publié en 1886.

verte des Montagnes-Rocheuses par M. de Varennes,
sieur de la Vérendrye, en 1743, après douze années de
voyages accompagnés de périls sans nombre; la prise
de Louisbourg par les Anglais en 1745 et l'année suivante la perte de la flotte du duc d'Anville, destinée à
reprendre cette place; en 1747, la victoire des Canadiens à Grand-Pré; en 1754, l'assassinat de Jumonville, alors que celui-ci s'avançait vers les Anglais commandés par Washington avec un drapeau de parle-
mentaire; l'éclatante vengeance que son frère de Vil-
liers en tira en s'emparant du fort Nécessité après huit
heures de combat; la prise par les Anglais des forts
Gaspareaux et Beauséjour, grâce à la trahison ou du
moins à l'ineptie de Vergor, le protégé de l'infâme
Bigot, et la dispersion des Acadiens en 1755.

La dispersion des Acadiens! Cet acte de vengeance
inique, que l'histoire a si souvent condamné et qu'elle
ne saurait trop flétrir, trouve sa place ici. Nous en
empruntons le récit à Ferland.

« A Grand-Pré, dit-il, Winslow, par une proclamation affichée, invitait les vieillards, les jeunes gens et
jusqu'aux enfants mâles de dix ans, de se réunir dans
l'église de ce lieu, le vendredi 5 septembre 1755,
pour recevoir certaines communications qu'il avait à
leur faire de la part du gouvernement.

« Plus de cinq cents hommes qui avaient répondu à
cet appel furent renfermés dans l'église de Grand-Pré,
où Winslow, environné de ses officiers, leur expliqua
les intentions du gouvernement.

« Il leur annonça que le roi leur enlevait leurs
terres, les bestiaux et tout ce qu'ils possédaient, à l'exception de leurs meubles personnels et de leur argent;
que, de ce moment, ils demeuraient prisonniers sous
la garde des troupes qu'il commandait.

« A Grand-Pré furent réunis, comme prisonniers, quatre cent quatre-vingt-trois hommes et trois cent trente-sept femmes, tous chefs de famille; le nombre de leurs enfants réunis avec eux pour prendre le chemin de l'exil s'élevait à mille cent trois.

« Comme quelques-uns de ces malheureux habitants s'étaient réfugiés dans les forêts, on employa tous les moyens pour les forcer à venir se mettre à la disposition des Anglo-Américains; on ravagea tout le pays environnant pour les empêcher de subsister. Dans le seul district des mines, deux cent cinquante-cinq maisons furent détruites, et un nombre proportionné de granges, d'étables et d'autres bâtiments...

« Les Acadiens prisonniers souffrirent avec résignation l'emprisonnement et les maux dont il était accompagné.

« Le départ devait avoir lieu le 10 septembre; les navires étaient prêts; les prisonniers avaient été rangés en ordre; cent jeunes gens reçurent l'ordre de s'avancer vers les navires. Ils déclarèrent qu'ils étaient prêts à s'embarquer, mais qu'ils ne voulaient pas être séparés de leurs parents. Sur un ordre de l'officier supérieur, les soldats anglo-américains chargèrent à la baïonnette sur cette troupe de jeunes gens désarmés et les forcèrent de s'avancer vers les navires. Des mères se précipitaient vers le sentier que suivaient les malheureux prisonniers afin de leur dire un dernier adieu; repoussées par les soldats, elles s'agenouillaient sur le rivage pour demander à Dieu de protéger leurs enfants, qui cherchaient à s'encourager en chantant des cantiques.

« Les hommes plus âgés furent ensuite conduits aux navires de la même manière. Ainsi fut embarquée toute la population mâle du district des mines sur cinq navires mouillés dans l'entrée de la rivière Gaspareaux.

« Peu après arrivèrent d'autres navires sur lesquels les femmes et les enfants furent placés et conduits dans les colonies américaines, où l'on n'avait pas songé à demander une retraite pour les pauvres exilés.

« Plus de sept mille Acadiens avaient été ainsi dépouillés de leurs biens et chassés de leur pays en cette occasion; mille d'entre eux furent jetés dans le Massachusetts; quatre cent cinquante furent envoyés dans la Pensylvanie et débarqués à Philadelphie, où l'on proposa de les vendre s'ils voulaient y consentir, proposition qui fut rejetée avec indignation par les prisonniers. D'autres, envoyés dans la Georgie, entreprirent de retourner dans leur pays, lorsqu'un ordre du général Lawrence les força de renoncer à leur projet.

« A peine les troupes anglo-américaines se furent-elles acquittées de la pénible exécution qui leur avait été confiée, que les soldats furent frappés de l'horreur de la situation.

« Placés au milieu de riches campagnes, ils se trouvaient néanmoins dans une profonde solitude. Les volutes de fumée qui s'élevaient au-dessus des maisons incendiées marquaient les lieux où, quelques jours auparavant, demeuraient des familles heüreuses; les animaux des fermes s'assemblaient, inquiets, autour des ruines fumantes, comme s'ils eussent espéré de voir revenir leurs maîtres; pendant les longues nuits les chiens de garde hurlaient sur les scènes de désolation; leurs voix plaintives semblaient rappeler leurs anciens protecteurs et les toits sous lesquels ils avaient coutume de s'abriter.

De temps en temps il s'arrêtait, promenait un regard investigateur
sur la campagne environnante.

« Lorsque les navires anglais arrivèrent à Port-Royal pour enlever les familles acadiennes des environs, les soldats ne trouvèrent personne; tous les habitants s'étaient retirés dans les bois, d'où la famine força plusieurs familles à sortir pour se rendre à ceux qui les poursuivaient; les autres se retirèrent dans la profondeur des forêts, auprès de leurs amis les Micmacs, et se réfugièrent ensuite au Canada.

« Dans quelques jours, les Anglais brûlèrent deux cent cinquante-trois maisons dans les environs de Port-Royal.

« Les malheureux Acadiens voyaient avec désespoir les soldats anglais promener la torche incendiaire dans leurs villages, sans oser offrir de résistance; mais lorsqu'ils les virent s'approcher de la chapelle catholique pour y mettre le feu, ils se jetèrent sur les soldats, en tuèrent ou en blessèrent vingt-neuf et forcèrent les autres à s'éloigner. Après avoir vengé l'injure gratuite faite à leur religion, ils se rejetèrent au fond des bois. »

Cette malheureuse épopée, dont le seul récit fait frémir d'indignation, se passait quelques semaines après les faits qui nous restent à raconter.

.   .   .   .

Le 8 juillet de cette même année 1755, à la tombée de la nuit, M. de Contrecœur parcourait d'un pas précipité et impatient le parapet sud du fort Duquesne dont il avait le commandement. De temps en temps il s'arrêtait, promenait un regard investigateur sur la campagne environnante, puis apparemment n'y voyant rien d'insolite ou rien de ce qu'il attendait, il reprenait sa marche un instant interrompue.

« Qui vive! cria tout à coup une sentinelle placée à la porte du fort, à quelques pas du parapet.

— Ami! » répondit une voix de l'extérieur.

M. de Contrecœur s'avança rapidement vers la sentinelle.

« Ouvrez, lui dit-il, je reconnais la voix de M. de Saint-Denis. »

La porte roula sur ses gonds rouillés avec un bruit strident et cinq ou six hommes, portant des mousquets sur l'épaule, se glissèrent dans le fort.

C'était sans doute ce qu'attendait M. de Contrecœur, car un sourire de joie éclaira son visage. S'avançant vers celui qui semblait le chef du détachement :

« Avez-vous enfin des nouvelles certaines, M. de La Pérade? demanda-t-il.

— Oui, mon commandant.

— Et l'ennemi?

— Il s'avance à marche forcée.

— Est-il loin encore?

— Tout probablement il campe ce soir à dix milles d'ici.

— Peste! le péril n'est pas loin de régner en la demeure.

— J'en ai peur, mon commandant.

— Messieurs, reprit M. de Contrecœur en saluant les jeunes officiers, rendez-vous à la caserne pour vous restaurer un peu. Je vous attends dans une heure au quartier général, où nous tiendrons un conseil de guerre. Je vais prévenir vos camarades. »

Quelques détails rétrospectifs sont indispensables pour faire comprendre ce qui va suivre.

Pendant que les milices de la Nouvelle-Angleterre, au mépris du droit des gens et de l'humanité, chassaient si cruellement les Français de l'Acadie, le général Braddock, expédié de la mère patrie avec un contingent des meilleures troupes régulières, se préparait à envahir le Canada par Montréal.

Le 10 juin, à la tête de deux mille deux cents hommes, Braddock quitta Cumberland. Rendu aux Grandes-Prairies, où, l'année précédente, Washington avait été si honteusement obligé de rendre le fort Nécessité, il apprit la nouvelle que M. de Contrecœur, le commandant du fort Duquesne, allait recevoir un secours de cinq cents hommes.

Le général anglais jugea nécessaire de prévenir l'arrivée de ces renforts par la rapidité de sa marche. Il laissa donc les gros bagages sous la garde de sept cents hommes, dont il donna le commandement au colonel Dunbar, avec la consigne de le rallier avec toute la célérité possible.

Lui-même, se mettant à la tête de douze cents hommes avec dix canons, il s'avança si pressé d'atteindre le but, qu'il négligea de faire surveiller les bois et les taillis si nombreux dont sa route était semée sur tout le parcours.

Le 8 juillet, Braddock fut rejoint par Washington, qu'une indisposition avait retenu jusque-là en arrière. Les troupes, après avoir côtoyé la rive nord de la rivière Monongahéla, traversèrent sur l'autre rive, qu'il fallait suivre jusque près du lieu où cette rivière tombe dans l'Ohio.

Le même soir, les Anglais campèrent à dix milles du fort Duquesne. On tint conseil pour savoir si l'on traverserait, le lendemain, par un gué voisin sur la rive droite de la Monongahéla, de ce côté étant le fort Duquesne.

Braddock était à cent lieues de se douter que tous ses mouvements étaient soigneusement observés par le parti de M. de Contrecœur. L'eût-il soupçonné que, confiant dans la supériorité des armes britanniques et ignorant la façon dont on faisait la guerre en Amé-

15

rique, il ne s'en fût aucunement alarmé. On verra dans la suite qu'il comptait sans son hôte[1].

Telles sont en résumé les nouvelles que M. de Contrecœur apprit par MM. de La Pérade, Daniel de Saint-Denis et Nicolas de Neuville, envoyés en éclaireurs, lesquels servaient en qualité de volontaires au fort Duquesne.

« Eh bien! messieurs, disait le commandant aux officiers du fort réunis en conseil de guerre, nous allons nous préparer à recevoir le mieux possible ces Anglais. Car ce serait vous faire injure, n'est-ce-pas, de penser un seul instant que vous désespérez de la position?

— Certes! fit Nicolas de Neuville en relevant sa tête dédaigneuse.

— Messieurs, la discussion est ouverte : chacun peut émettre son avis. Quel est le vôtre, monsieur de Saint-Denis?

— Puisque vous me faites l'honneur de me demander mon avis, commandant, je crois que nous devons aller attendre l'ennemi sur les hauteurs de la Monongahéla.

— Et vous, monsieur de Beaujeu[2]?

— J'allais émettre la même opinion, répondit celui-ci.

— Et je la partage entièrement, cette opinion, reprit M. de Contrecœur.

— Moi également, fit le capitaine Dumas.

— Messieurs, reprit le commandant, vous êtes tous ici capables et dignes de commander les braves qui iront demain arrêter la marche de l'ennemi.

---

[1] Ferland.
[2] Daniel-Léonard Villemonble de Beaujeu.

Comme il ne peut cependant y avoir qu'un seul chef, je crois réunir tous les suffrages en chargeant M. de Beaujeu des préparatifs de l'expédition et en le mettant à votre tête pour vous conduire au champ d'honneur. »

Des applaudissements unanimes saluèrent ces paroles du commandant.

« Et maintenant, messieurs, ajouta celui-ci, je vous donne congé, afin que vous preniez le repos qui vous est nécessaire. »

A 8 heures, le lendemain matin, M. de Beaujeu sortait du fort à la tête de deux cent-cinquante Français et de six cent cinquante sauvages. L'histoire rapporte que la plupart de ces braves, de Beaujeu le premier, s'étaient préparés à la mort avant de partir en s'approchant de la sainte communion.

A midi, à trois lieues du fort, le détachement était en présence des Anglais [1].

Ceux-ci s'étaient mis en mouvement de grand matin. La première colonne traversa facilement la rivière et gravit une longue pente de l'autre côté. « Elle marchait entre deux ravins, dit Ferland, et s'avançait avec tant d'ordre et de régularité, que Washington, accoutumé à ne voir que les troupes irrégulières des colonies américaines, contemplait avec admiration la belle tenue des soldats anglais. »

---

[1] La liste suivante des officiers présents à la bataille ne pourra qu'intéresser le lecteur canadien :

De Beaujeu, commandant; capitaine : Dumas et de Ligneris; lieutenants : de Courtemanche, Le Borgne, Montigny, Carqueville; enseignes, chevalier de Longueuil, La Pérade, Bailleul, de Corbière, chevalier de Céloron; cadets : Courtemanche, Beaulac, Sainte-Thérèse, Cabanac; Sacquépée, Joannès, Le Borgne, Hertel, de Muy, Rochebrune, Saint-Simon, Linctôt aîné, Linctôt cadet, d'Ailleboust, La Framboise, Normanville, Roquetaillade, Céloron, Blainville, Saint-Ours, Lamorandière.

La seconde et la troisième colonne venaient à peine de traverser le gué, quand une vive fusillade se fit entendre dans la direction de la première. C'était de Beaujeu qui engageait la lutte.

Nous allons de nouveau céder pour une dernière fois la parole à l'historien :

« Partis à 8 heures du matin du fort Duquesne, dit-il, les Français avaient été rejoints un peu plus tard par six cents sauvages, parmi lesquels était Pontiac. Ils avaient d'abord refusé de se joindre à la petite bande de Beaujeu; mais lorsqu'ils avaient vu celle de deux cents Français s'avancer hardiment à la rencontre de quatre mille anglais, ils avaient saisi leurs armes en silence et avaient suivi leurs alliés. Habillés à la manière des sauvages et ne portant d'autre marque de distinction qu'une chaîne d'argent qui lui pendait au cou, de Beaujeu, le fusil à la main, marchait à la tête de ses hommes.

« A midi et demi, il rencontra la première colonne anglaise à trois lieues du fort Duquesne; elle venait de gravir la hauteur au-dessus de la Monongahéla, et avait commencé à défiler par un sentier de chasse. Les sauvages s'arrêtèrent un instant pour considérer cette masse d'hommes qui s'avançaient lentement et régulièrement à travers le bois si épais de cette partie du pays. Les baïonnettes étincelantes, les brillants habits écarlates des soldats anglais étonnèrent ces enfants de la forêt, accoutumés à ne rencontrer que des guerriers habillés comme eux. De leur côté, les soldats furent surpris à la vue des guerriers français et sauvages qui se ressemblaient par le costume.

« Après quelques moments d'étonnement de part et d'autre, la fusillade commença. Le feu des Français

Les sauvages s'arrêtèrent un instant pour considérer
cette masse d'hommes qui s'avançaient.

et des sauvages faisait un effet terrible sur les rangs serrés des régiments anglais. Sur l'ordre de Braddock, l'artillerie s'avança et ouvrit vigoureusement le feu sur les Français ; le brave de Beaujeu tomba mort à la troisième décharge. Le sieur Dumas, commandant en second, le remplaça. Pour se mettre à l'abri des boulets, les Français et leurs alliés se jetèrent chacun derrière un arbre et un feu terrible écrasait les troupes anglaises sans qu'elles pussent apercevoir leurs ennemis. »

On peut paraître étonné qu'une poignée de soldats tiennent ainsi en échec et écrase, pour nous servir de l'expression si juste de Ferland, un ennemi plus de vingt fois supérieur en nombre. Mais outre la bravoure incomparable de nos troupes, celles-ci profitaient aussi de l'inexpérience de Braddock dans ces sortes de guerre. En effet, le général anglais massait ses forces en colonnes solides au lieu de les déployer en tirailleurs et les lançait contre un ennemi imaginaire dont il croyait remplis les bois environnants. Celles-ci étaient alors assaillies par un ennemi qui était partout à la fois et qu'elles ne voyaient nulle part.

L'artillerie avait d'abord excité la plus grande frayeur parmi les sauvages, frayeur qui s'était bientôt communiquée à une partie des Canadiens, presque tous des jeunes gens qui voyaient le feu pour la première fois. Mais Daniel de Saint-Denis et Nicolas de Neuville, qui les commandaient, ramenèrent par leur bravoure et leur sang-froid la confiance dans les rangs.

Le brave Dumas se multipliait et voyait partout. A un moment donné, il envoie le chevalier Le Borgne et M. de Rocheblave porter l'ordre aux officiers qui commandaient les Canadiens et les sauvages de se jeter sur les flancs de l'ennemi.

Daniel de Saint-Denis s'élance à la tête de ses Canadiens, mais dès la première décharge il tombe blessé à la hanche. Nicolas de Neuville, qui le suit, n'a que le temps de le mettre à l'abri d'un quartier de roc sur lequel viennent s'aplatir les balles anglaises, et retourne à son poste de combat.

Les Anglais, pris ainsi de tous les côtés à la fois, se maintinrent pendant quelque temps dans cette critique position. La mort fauche dans ces colonnes épaisses; des rangs entiers tombent comme un seul homme; presque tous les officiers sont tués à leur poste.

Le désordre se met enfin parmi les assaillants. Une colonne qui recule brise la colonne qui suit. Il n'y a que les miliciens de la Virginie qui, accoutumés à la guerre des bois, conservent leur sang-froid. Au premier choc, ils se sont dispersés et mis à couvert derrière des arbres, d'où ils font le coup de fusil avec les Canadiens et les sauvages.

Malgré cette diversion, force est enfin aux Anglais de prendre la fuite devant la vaillance de nos troupes et la terrible hache de guerre des sauvages.

Près de mille hommes restèrent sur le champ de bataille parmi les caissons, les chariots et les tentes, un grand nombre se noya dans les eaux de la Monongahéla, et si les sauvages n'eussent cessé la poursuite des fuyards pour se livrer au pillage, presque tous les Anglais étaient massacrés.

Le général Braddock avait été mortellement blessé pendant l'action. Une balle, après lui avoir brisé le bras, s'était logée dans les poumons. Il mourut de cette blessure après quatre jours de souffrances augmentées considérablement par une retraite précipitée, dans les plus grandes chaleurs de l'été.

La victoire des nôtres était complète. Le combat avait duré quatre heures, pendant lesquelles les Anglais avaient perdu six cents hommes, six canons, sept mortiers et cinq cents chevaux qui restèrent aux mains de nos troupes.

Du côté de celles-ci, MM. de Beaujeu, Carqueville, de La Pérade, trois miliciens canadiens, deux soldats français et quinze sauvages restèrent parmi les morts.

MM. Dumas et de Ligneris rentrèrent le même soir au fort. M. de Courtemanche coucha sur le champ de bataille avec les officiers qui avaient poursuivi les fuyards, et M. de Saint-Denis blessé, que son ami ne fit transporter au fort que le lendemain.

Cette victoire causa la plus grande joie à Québec et jeta la consternation dans les colonies anglaises.

« Nous avons été battus, écrivait Washington à Robert Jackson en date du 2 août 1755, nous avons été honteusement battus par une poignée d'hommes qui ne prétendaient que nous inquiéter dans notre marche. Mais que les œuvres de la Providence sont merveilleuses ! que les choses humaines sont incertaines ! Nous nous pensions presque aussi nombreux que toutes les troupes du Canada ; eux venaient dans l'espérance de nous harceler. Cependant, contre toutes probabilités humaines, et même contre le cours ordinaire des choses, nous avons été défaits et nous avons tout perdu. »

Poussé par de sombres pressentiments, Daniel de Saint-Denis voulut absolument se faire descendre à Québec. Pendant le voyage, la gangrène se mit dans la plaie et, quelques jours après son arrivée, il mourait dans les bras de sa femme affolée.

Nicolas de Neuville fit son devoir pendant les terribles luttes que nous suscita la guerre de sept ans.

Après la cession, pour plaire à sa femme qui désirait revoir sa tante, Mme de Vaudreuil, alors chargée de l'éducation des princes, il réalisa ce qu'il possédait au Canada et repassa en France.

Et la pauvre doña Maria?

Elle retourna au Presidio del Norte pour se consacrer au soin de son vieux père et pleurer celui qu'elle avait tant aimé et sitôt perdu.

FIN

TABLE DES MATIÈRES

		Pages.
A l'Hon. Chs. A. Ern. Gagnon, Secr.-Provincial.		7
Au lecteur.		9
[I. — Un jour de deuil		11
II. — Les funérailles.		26
III. — Une soirée chez le gouverneur.		35
IV. — Une aventure		45
V. — Une promesse.		57
VI. — Un peu d'histoire rétrospective		62
VII. — Les théories de maître Bertrand.		71
VIII. — Séparation		80
IX. — La confession de maître Bertrand.		93
X. — A l'assaut.		99
XI. — Découvreurs et découvertes.		106
XII. — Sous d'autres cieux		119
XIII. — Un spectacle national.		129
XIV. — Premier amour.		136
XV. — Le rendez-vous.		141
XVI. — Le départ.		146
XVII. — Les faits et gestes de maître Bertrand.		159
XVIII. — L'expédition de Walker.		174
XIX. — Notre-Dame des Victoires.		182
XX. — L'hospitalité espagnole.		194
XXI. — Le retour.		201
XXII. — La force du souvenir.		210
ÉPILOGUE.		217

42 679-1930. — TOURS, IMPR. MAME

www.ingramcontent.com/pod-product-compliance
Lightning Source LLC
LaVergne TN
LVHW021652060726
842527LV00003B/874